高职英语教学理论与实践探究

赵 丹 逄园园 ◎ 著

经济日报 出版社

北京

图书在版编目（CIP）数据

高职英语教学理论与实践探究 / 赵丹, 逄园园著.
北京：经济日报出版社，2024.7
ISBN 978-7-5196-1422-5

Ⅰ.①高… Ⅱ.①赵… ②逄… Ⅲ.①英语—教学模
式—教学研究—高等职业教育 Ⅳ.①H319.3

中国国家版本馆CIP数据核字(2023)第256561号

高职英语教学理论与实践探究

GAOZHI YINGYU JIAOXUE LILUN YU SHIJIAN TANJIU

赵丹　逄园园　著

出　　版：经济日报出版社
地　　址：北京市西城区白纸坊东街2号院6号楼710（邮编100054）
经　　销：全国新华书店
印　　刷：武汉怡皓佳印务有限公司
开　　本：710mm×1000mm　1/16
印　　张：10.25
字　　数：180千字
版　　次：2024年7月第1版
印　　次：2024年7月第1次印刷
定　　价：72.00元

前　言
PREFACE

随着社会的不断发展和科技的迅猛进步，新时代背景下的高职英语教学迎来了前所未有的挑战和机遇。英语作为一门全球通用的语言，不仅是国际交流的桥梁，更是提升个体综合素养的重要工具。在高职教育领域，培养学生具备良好英语语言能力和跨文化交际能力已经成为共识。本书旨在全面探讨新时代背景下高职英语教学的理论、实践与创新，深入剖析现有教学模式存在的问题，并提出具体可行的改进方案，以期为高职英语教学的改革与发展提供有益参考。

在全球化的潮流中，英语教育面临着新的挑战。如何使学生更好地应对国际化的职业需求，让英语教育更贴近实际应用，成为当前高职英语教学亟待解决的问题。通过对教育理论、学科发展趋势、学生特点等多方面的分析，我们将深入研究新时代高职英语教学的核心问题，并从课程设计、教学方法、学生特点、综合素养培养等多个层面提出创新性的观点和解决方案。

在研究的过程中，我们将结合实际案例，深入挖掘成功的高职英语教学经验，分享教师在教学实践中的心得与体会。同时，我们将探讨教育技术在英语教学中的应用，以及如何利用多媒体、游戏化教学等手段激发学生的学习兴趣和提高学习效率。

本书通过对新时代高职英语教学的全局性分析，力求为英语教育的改革提供可行性建议，为培养适应时代需求的高素质人才奠定理论基础。希望通过我们的努力，能够激发更多教育工作者的思考，并促进高职英语教学的不断创新与发展。

赵丹　逄园园
2024 年 3 月

目 录
CONTENTS

第一章　引言

第一节　研究背景与动机

一、高职英语教学的演变历程

（一）教学理念的变迁

在高职英语教学的演变历程中，教学理念的变迁发挥着至关重要的作用。早期，传统的教学理念以语法为主，强调对语法规则的灌输。这种教学理念的核心思想是通过对语法知识的传授，培养学生熟练掌握语法结构。然而，随着社会对实际语言运用需求的不断增加，这一教学理念逐渐受到了挑战。

随着时间的推移，教学理念开始发生转变，逐渐从注重语法规则的灌输过渡到注重实际应用能力的培养。这一转变是对英语教学目标的重新认识，它强调学生在真实语境中灵活运用英语的能力。教学理念的演变不仅关注语法知识本身，更关注学生如何在实际生活和职场中运用所学英语进行有效沟通。

新的教学理念强调语境交际，将学生从传统的语法学习中解放出来，注重提升学生的语言实际运用水平。这种变革促使教育者更关注如何创造更贴近实际情境的教学环境，使学生更好地适应现代社会对英语应用的要求。教学理念的演变还倡导通过实际语言实践活动，如角色扮演、讨论会等，激发学生的学习兴趣。

新时代的高职英语教学理念强调培养学生的跨文化交际能力、信息获取能力以及创新能力。这种理念的引入不仅使英语教学更具有实际应用性，也能更好地服务于学生未来的职业发展。学校和教育机构逐渐意识到，培养学生在多元文化环境下进行跨文化交际的能力对于他们未来的职业发展至关重要。

（二）教材体系的更新

在高职英语教学中，教材体系的更新经历了多次调整和演变。从早期的主要注重基础语法和词汇的教学，到现在更加注重职业场景下的实际语言运用，教材更新的方向逐渐转向与各专业相关的语境，使学生能够更好地将英语运用于未来的职业领域。

新时代高职英语教学的教材体系更新主要体现在以下几个方面：

首先，教材内容更加贴近实际职业需求。教材不仅注重语法和词汇的学习，还更加关注专业领域的实际语境。通过引入与学生所学专业相关的实例和案例，教材使学生能够更好地理解并运用英语在实际工作场景中的要求。

其次，强调实际交际能力的培养。新的教材体系注重培养学生在各类职业场景中进行实际交际的能力。通过模拟真实工作场景的对话、角色扮演等活动，学生能够更加自信地运用英语进行职业交流。

最后，引入多样化的教学资源和技术手段。新时代的高职英语教学教材更加注重运用多媒体、在线资源等现代技术手段，以提升学生的学习体验。教材设计旨在激发学生的学习兴趣，通过生动的图片、视频和互动式内容，使学习更加生动有趣。

（三）教学方法的演进

高职英语教学方法在不断地演进中，受教育理念的变革和科技的推动，呈现出多元化和创新化的趋势。传统的教学方法以课堂为中心，注重师生互动，但随着社会的发展和学科知识的不断更新，新时代对英语教学提出了更高的要求，教学方法也随之演进。

新时代，现代技术手段的广泛应用成为高职英语教学的一大特点。在线学习平台和虚拟实境技术等工具的引入，为教学提供了更为丰富的资源和更广泛的学习空间。通过这些技术手段，教育者可以创造更具互动性和趣味性的学习环境，激发学生的学习兴趣和积极性。

项目化和任务型教学方法逐渐成为高职英语教学的新趋势。这种教学方法强调学生在实际项目中运用英语的能力，通过解决实际问题和完成真实任务来学习语言知识。项目化教学注重学科知识和实际操作的结合，使学生在实际应用中更好地理解和运用所学英语，提高他们的实际操作能力。

与传统的以教师为中心的教学方式相比，新时代的教学方法更注重学生的主动参与和合作学习。通过小组合作、学科讨论和互动性强的教学活动，学生能够更好地与同学互动，分享学习经验，培养团队协作精神，从而更全面地提升英语能力。

此外，新时代的高职英语教学强调个性化学习。通过个性化教学方案和差异化的教学资源，满足不同学生的学科需求，促使每个学生在自己的学习节奏和风格下取得更好的学习效果。

总体而言，高职英语教学方法的演进体现了对学科知识和实际应用需求的不断思考和调整。新的教学方法在注重技术应用、项目化和任务型教学等方面取得了积极的成果，为学生提供了更具实际操作性和实际应用性的学习体验。

二、社会需求与职业发展对英语教育的影响

（一）社会经济全球化的推动

社会经济的全球化不仅改变了国际贸易和金融格局，也深刻影响了文化和教育领域。在这一全球化的潮流中，英语作为国际通用语言发挥着重要的桥梁作用，成为各个领域跨国交流的主要工具。这一趋势推动了高职英语教育由国内向国际化的转变，要求学生具备更高水平的英语语言能力，以更好地适应国际化的职场环境。

随着社会经济全球化的深入，国际贸易、文化交流、科技合作等领域的国际交往日益频繁，英语作为国际通用语言的需求日益增长。在国际职场中，英语不仅是跨国公司和国际组织的工作语言，也是各行各业专业领域的交流媒介。因此，对于高职毕业生而言，具备高水平的英语语言能力成为进入国际职场、参与国际合作的基本要求。

在国内高职英语教育中，这一趋势促使教育机构更加注重培养学生的国际化视野和跨文化沟通能力。课程设置和教学内容逐渐向国际化方向调整，强调实际项目案例的分析和国际事务的讨论。学生被鼓励参与国际性的学术交流、实习项目，以提升其英语语言水平和跨文化交际能力。

在高职英语教育中，语言技能的培养不再仅仅局限于语法和词汇的学习，更注重语言的实际运用能力。项目化和任务型教学方法逐渐成为主流，通过模拟国际商务谈判、参与国际合作项目等实际活动，学生能更好地适应国际化职场的语言要求。

此外，为了满足国际化就业市场对英语能力的需求，高职英语教育还积极引入国际认证体系，如托福、雅思等，使学生在毕业后更容易获得国际认可的英语证书，提高其在国际职场中的竞争力。

（二）信息化程度的提高

随着信息技术的飞速发展，全球范围内的信息传递变得更加迅速和便捷。这一趋势对高职毕业生提出了更高水平的英语能力要求，要求他们能够更好地理解和处理国际信息，有效参与到全球性的交流中。

信息化程度的提高意味着高职毕业生需要更强大的英语语言能力来应对来自不同国家和地区的信息。在信息社会中，英语作为一种国际通用语言，成为跨越国界的信息交流的纽带。高职毕业生需要具备高水平的英语听、说、读、写能力，以确保他们能够准确理解并有效表达复杂的国际信息。

在职业领域，信息技术的广泛应用使得高职毕业生需要更加熟练地使用英语进行专业交流。无论是参与国际会议、与跨国公司合作，还是在全球化的职场环境中工作，英语作为一种商务和专业交流的工具变得尤为重要。高职毕业生需要能够流利地运用英语进行专业沟通，理解和解释各类专业信息。

此外，信息化时代对高职毕业生的跨文化交际能力提出了更高要求。在全球化背景下，高职毕业生往往需要与来自不同文化背景的人合作。通过信息技术，他们可能会与国际团队协作，参与全球性项目。在这一过程中，良好的英语沟通能力不仅是推动项目进展的关键因素，也是维护团队合作的重要基础。

（三）职业发展需求的多样性

随着职业领域的多样性和专业化发展，不同专业对英语能力的需求呈现出多样化的特点。高职毕业生所面对的职业发展需求具有明显的专业差异，社会对他们的英语要求更加强调实际操作能力，包括专业领域的术语运用和跨文化交际等方面。因此，高职英语教育需要更加注重学科和专业背景的结合，以提高学生在特定领域的英语运用水平。

在不同专业领域，英语的应用场景和要求存在差异。例如，在工程技术领域，高职毕业生可能需要熟练掌握与工程相关的专业术语和标准，以便与国际供应商或合作伙伴进行有效沟通；在医学专业中，英语能力可能更加强调对医学文献的理解和撰写医学报告的能力；而在商务管理领域，高职毕业生可能需要具备商业英语、市场营销和国际商务交流的技能。

为了更好地满足不同专业领域的职业发展需求，高职英语教育应该结合各专业的特点，精心设计教学内容和方法。教育者可以通过引入专业实例、模拟职场情境，以及与相关行业合作进行实践项目，使学生在学习过程中更好地理解和应用专业英语知识。此外，开设针对性的专业英语课程，强调专业术语的准确使用和专业文献的阅读能力，有助于提高学生在特定领域的英语实际应用水平。

跨文化交际也是不同专业领域的英语教育中需要重点培养的能力。随着国际交往的增多，高职毕业生在职场中可能需要与来自不同文化背景的人进行合作。因此，应培养学生在跨文化沟通中的敏感性和适应性，使其能够在多元文化环境中更好地融入和发展，成为专业领域中的国际化人才。

第二节　新时代高职英语教学的现状

一、教学方法与资源的现行应用

（一）传统教学手段的应用与挑战

在当前的高职英语教学中，传统的课堂讲授仍然占据着主导地位，通过教师的语法规则讲解和文本阐释来传递英语知识点。然而，这种传统的教学手段面临着一系列挑战，其中之一是学生的参与度不高。课堂讲授往往呈现出单向性的传递模式，学生在被动接受知识的同时，缺乏足够的互动和参与。这可能导致学生对英语学习的兴趣不浓，难以激发他们的学习动力。

另一个挑战是学生欠缺实际应用能力。传统的课堂讲授注重知识的传递和理论的解释，但在实际应用中，学生可能面临如何将学到的知识运用到实际场景的困难。这与职业教育的目标不完全契合，因为职业领域更强调实际操作和解决问题的能力。

此外，书面作业和考试评估作为传统的教学评估手段，在高职英语教学中仍然普遍存在。然而，过度依赖这些手段可能使学生倾向于追求应试技巧，而忽略了对英语实际运用能力的培养。传统的书面作业和考试评估强调的是语法规则和词汇的记忆，而在实际沟通中，语言能力的灵活运用和交际策略的使用同样重要。因此，教学评估方法需要更多元化，更贴近实际应用的需求，以全面评价学生的语言能力。

为应对这些挑战，高职英语教育需要在传统教学手段的应用上进行创新。教师可以探索更具互动性的教学方法，如小组讨论、案例分析等，以增加学生的参与度。此外，注重实际应用能力的培养，引入项目化教学、实践活动等手段，使学生在学习过程中能够更好地将英语知识应用于实际场景中。

教学评估方面，可以采用更多元化的评估方法，包括口头表达、实际项目成果展示等，以全面了解学生的语言能力和综合素质。通过在教学手段和评估方法上的创新，高职英语教育能够更好地满足学生的实际需求，培养具备实际操作能力的英语专业人才。

（二）现代化的教学技术应用

在高职英语教学中，现代化的教学技术应用为教学带来了许多新的可能性和挑战。其中，多媒体教学资源的广泛应用和在线学习平台的兴起是两个显著的特点。

首先，多媒体教学资源的广泛应用为高职英语教学注入了新的活力。教师可以借助图像、音频和视频等多媒体资源，丰富课堂内容，使学习更具趣味性和视觉冲击力。通过生动的图示、生活化的语音和真实的视频案例，学生更容易理解和记忆英语知识。然而，教师在整合多媒体资源时需要注意平衡，确保资源的质量和有效性。过度依赖多媒体资源可能导致学生对于传统文本的阅读能力下降，因此，在设计课程时需要综合考虑不同教学手段的使用。

其次，随着互联网技术的飞速发展，在线学习平台在高职英语教学中崭露头角。学生可以通过在线平台进行自主学习，随时随地获取教学资源，更好地安排学习时间。在线学习的灵活性为学生提供了便利，但也带来了一些问题。缺乏面对面的互动可能导致学生在理解和应用英语知识时遇到困难，而学生自律性差可能影响在线学习的效果。因此，在线学习平台的设计和使用需要综合考虑互动性、引导性和评估性等方面，以提高学生的学习体验和效果。

现代化的教学技术应用为高职英语教学带来了丰富的可能性，但同时也需要教育者在教学设计和实施中注意平衡和细致操作。通过合理利用多媒体资源和在线学习平台，高职英语教育可以更好地适应学生的学习需求，促进他们在语言能力和实际运用方面的全面发展。

（三）教学方法的创新与实践

在高职英语教学中，为了更好地培养学生的实际应用能力，教学方法的创新与实践成为一项重要的探索。两种值得关注的方法是项目化教学和任务型教学。

首先，项目化教学是一种通过组织学生参与实际项目来提升其英语实际运用能力的方法。这种教学方法旨在使学生在实际项目中应用英语知识，培养他们解决问题和合作的能力。然而，项目化教学在设计和实施中可能面临一些挑战。一方面，课程整合难度较大，需要教师在不同领域之间进行有效的整合，确保项目既符合英语学习目标，又涵盖其他相关知识；另一方面，资源调配可能存在不足，包括时间、设备和外部合作资源等。因此，项目化教学的成功实施需要仔细规划和全面准备。

其次，任务型教学是一种强调学生通过完成任务来实现语言学习目标的方法。这一方法通过将学习目标嵌入实际任务中，激发学生的学习兴趣和动力，使英语学习更具实际性。然而，在任务型教学的推广过程中也存在一些问题。任务的设计难度需要根据学生的水平和实际情境进行合理安排，以确保任务既具有挑战性又可完成。同时，评估任务完成的标准需要明确，以便准确评价学生的语言能力和任务完成质量。

在实施这两种教学方法时，教育者需要认识到创新与实践的重要性，并在方法的选择和设计中平衡挑战与可行性。通过不断地实践与反思，不仅可以逐步解决方法应用中的问题，还能够为高职英语教育提供更为丰富和有效的教学策略。

二、学生学习态势与挑战

（一）新一代学生的学习态势

新一代学生的学习态势受到数字化学习环境的深刻影响。这一代学生在数字化学习环境中成长，对于电子设备和在线资源的使用更加熟悉。这样的学习背景使得传统的纸质教材和传统教学方式可能无法引起他们的兴趣，因此需要更多数字化学习工具的整合，以创造更具吸引力和互动性的学习体验。

在数字化学习环境中，学生更倾向于通过多媒体、虚拟实境等现代技术进行学习，这对于高职英语教育提出了新的挑战。教育者需要更主动地融入数字化学习工具，设计符合学生学科特点和兴趣的教学内容。例如，结合在线平台、英语学习应用程序以及虚拟实境技术，可以创造出更具趣味性和参与感的学习体验。

同时，新一代学生对实际应用的强烈需求也成为教育者关注的重点。与传统学生相比，他们更注重通过英语学习获得实际操作能力，以更好地适应未来职场的挑战。因此，高职英语教育需要更加注重实际案例、项目实践等形式，帮助学生将所学知识应用于实际工作场景中。教育者可以通过与实际行业合作、组织实践活动等方式，提升学生的实际操作水平，满足他们对职业技能的迫切需求。

（二）学生学习挑战

学生在学习中面临着一系列挑战，其中两个主要挑战分别是注意力分散与学习深度问题以及对反馈的强烈需求。

首先，由于新媒体的广泛应用，学生在学习过程中可能面临注意力分散与学习深度不足的问题。多媒体和社交媒体的普及使得学生同时面对多个信息源，从而容易陷入多任务处理的困境。这可能导致学生难以集中注意力，影响学习的深度和质量。为了解决这一问题，教育者需要思考如何设计引人入胜的教学内容，激发学生的学习兴趣，以及通过合理的教学方法引导学生深入思考，增强学习深度。

其次，新时代的学生对反馈有着更为敏感的需求。他们期望能够及时了解自己的学习状况，以便更好地调整学习策略。在教学中引入及时有效的反馈机制变得尤为关键。教育者可以考虑利用技术手段，如在线测验、自动化评估系统等，为学生提供实时的、个性化的反馈。此外，教育者也可以通过定期的学生教师反馈交流会、小组讨论等方式，建立更加直接的沟通渠道，满足学生对于学习反馈的需求。

在应对这两个挑战时，教育者需要灵活运用教学方法和技术手段，以更好地适应学生的学习习惯和需求。通过综合运用创新的教学策略和满足学生对于及时反馈的期望，可以提高学生的学习积极性和效果，促进他们更深层次的学习。

第三节　当前问题与研究目的

一、突破当前高职英语教学面临的问题

（一）教学方法的单一性

在当前高职英语教学领域，面临着教学方法单一的严峻问题。教学主要以传统的课堂讲授为主导，缺乏多样性的教学手段，这使得教育体系在满足学生多样性学习需求方面存在较大的不足。问题的根源在于多方面因素的交织作用。

首先，教师在教学方法的选择和应用上存在局限性。由于缺乏对多种教学方法的了解和掌握，教师可能对于学生差异化学习风格的关注较少，过度依赖传统的教学方式。这可能导致一些学生在传统课堂环境中难以发挥最佳学习作用，影响整体教学的质量。

其次，课程压力和教学资源的有限也是导致教学方法单一的重要原因。教师在面对庞大的课程内容时和在有限的教学时间内，往往选择采用熟悉且高效的传统教学方式。这种情况可能导致对于更具创新性和多元性的教学方法的回避，从而限制了学生在不同学科和实际应用场景中的综合素养培养。

在实际操作中，建议学校制定鼓励多元教学方法的政策，支持教师在实践中尝试新的教学策略。此外，学校还可以设立教学创新奖励机制，鼓励教师在多元教学方法的实践中取得显著成绩。

（二）教材的陈旧性

当前高职英语教学面临的一个突出的问题，即教材的陈旧性。教材的更新速度相对较慢，导致部分教材可能不够贴近当前社会和职场需求。这一现象的出现

源于多方面原因，主要包括教材编写周期长、审定流程复杂，以及一些教师对新教材的应用存在一定抵触情绪。

首先，教材编写周期长、审定流程复杂是导致教材更新滞后的主要原因之一。由于教材的编写和审定需要经历多个环节，包括选题、撰写、审批等，整个流程往往较为烦琐耗时。这使得教材的更新难以跟上社会发展和市场需求的变化速度，造成了教材内容与实际需要脱节的困境。

其次，一些教师可能对新教材应用存在一定的抵触情绪，这也成为制约教材更新的因素之一。一方面，教师需要花费时间和精力适应新的教材内容，可能需要调整原有的授课计划和教学方法，这一过程可能会引发教师的抵触情绪，使得他们更倾向于继续使用熟悉的旧教材；另一方面，一些教师可能认为旧教材已经被验证过，更具可靠性，因此对新教材的接受度较低。

（三）学生学习兴趣不足

高职英语教学中存在学生学习兴趣不足的问题，这会导致学生的学习动力不够，从而影响其英语学习效果。这一现象的产生是由多种原因相互作用造成的，主要原因在于传统教学模式下学习内容单一，难以引发学生的学习兴趣，同时，学生对英语的应用场景了解不足，缺乏实际运用英语的体验。

首先，在传统教学模式下，英语学习内容相对单一，以课本为主导，缺乏足够的多样性和趣味性。学生在单一、枯燥的学习环境中难以保持学习的新鲜感和兴奋度，导致对英语学习兴趣的逐渐减退。这也反映了传统教学方式在激发学生学习兴趣方面的不足，需要更加注重创新和个性化的教学方法。

其次，学生对英语的应用场景了解不足，缺乏实际运用英语的体验。传统的英语教学往往过于强调语法和单词的背诵，忽略了语言的实际运用。学生难以将学到的知识与实际生活和职场需求相结合，导致学习的目的不明确，学习动力自然减弱。

二、探索适应新时代需求的教学模式

（一）适应社会发展的需要

随着社会的不断发展，对英语能力的需求也在不断变化，这对英语教学提出了新的挑战。本研究旨在深入研究不同行业对英语要求的变化趋势，以更好地适应社会发展的需要，并为调整教学内容提供依据。

首先，我们将关注不同行业对英语能力的具体要求，并分析这些要求的变化趋势。例如，在科技行业，对英语的技术术语和专业知识的需求可能更为突出；

在商业领域，跨文化交际和商务英语的能力可能更为关键。通过深入研究这些变化，我们可以更准确地把握社会对英语教育的实际期望，从而调整教学内容，使之更贴近不同行业的实际需求。

其次，我们将与行业和企业进行深入沟通，了解新时代职场对英语能力的具体需求。通过与职场的紧密联系，我们可以获得更直接、更实际的反馈，了解当前职业环境中英语能力的核心要素。这种反馈将有助于我们调整课程设置和教学目标，使之更符合职业发展的需要，确保学生在毕业后能够胜任不同行业的工作。

通过深入研究社会发展趋势对英语教学的影响，以及通过与职场进行紧密沟通获取反馈，我们可以更好地适应社会的需求，为英语教育的发展提供有针对性的指导和支持。这不仅有助于提高学生的英语实际应用能力，也为他们更好地适应职业发展奠定了基础。

（二）培养学生更强的综合素养

综合素养的培养是当前高职英语教学中的重要任务，旨在使学生在语言能力之外，具备更广泛的知识和能力，以适应社会的复杂多变。本研究将明确综合素养的概念与框架，涵盖语言能力、跨文化沟通、创新思维等方面，同时建立相应的培养框架，以系统地指导学生全面发展。

首先，我们将明确综合素养的内涵。综合素养不仅仅包括传统的语言能力，还涵盖了对跨文化沟通的理解和应用能力，以及培养学生创新思维和解决问题的能力。这样全面的内涵将成为综合素养培养框架的基础，确保学生在多个方面都能得到全面发展。

其次，我们将建立相应的培养框架。这一框架将系统地规划学生的学习路径，以确保在培养语言能力的同时，也注重培养其他综合素养。例如，可以设置专门的课程或模块，覆盖跨文化沟通技能的培养和创新思维的锻炼。框架的建立将有助于形成一套科学合理的教育体系，使学生在不同方面都能得到有针对性的培养。

最后，我们将设计适应新时代综合素养培养的教学模式。这包括但不限于项目化学习、实践案例导入等方式。通过项目化学习，学生可以在实际项目中应用语言能力、跨文化沟通等素养，培养实际应用能力。实践案例导入则可以通过实际案例，让学生深入理解和应用所学知识，促进创新思维的培养。这些教学模式的设计和实践将有助于提升学生语言能力以外的其他方面的综合素养。

通过明确综合素养的概念与框架，建立相应的培养框架，以及设计适应新时代的教学模式，我们可以更全面、系统地培养学生更强的综合素养。这不仅有助于他们更好地适应未来职场的挑战，也可以为其个人发展打下坚实的基础。

第四节 研究方法与框架

一、研究方法的选择与理由

（一）文献综述

文献综述是所有研究工作的基石，它通过对相关领域已有研究的梳理和总结，为当前研究奠定了坚实的理论基础。在高职英语教学领域，文献综述的重要性不可忽视。

首先，通过对历史和发展的回顾，我们可以深入了解高职英语教学领域的演变过程，了解其发展轨迹和关键节点。这有助于我们把握该领域的研究现状，为研究提供必要的上下文。

其次，在系统梳理近年来高职英语教学的文献资料时，我们可以深入挖掘不同研究的观点、方法和结论。这有助于形成对高职英语教学领域的全面认知，并揭示出已有研究的主要发现。通过细致入微的分析，我们能够识别文献中存在的问题和不足之处，为当前研究提供针对性的方向和焦点。

从文献中汲取的经验和教训将为我们提供丰富的启示，引导我们更深入地探究高职英语教学的现状、问题和解决方案。通过细致入微的文献综述，我们可以借鉴先前研究者的经验，避免重复已有的错误，并在研究设计和实施中更具针对性和前瞻性。这种全面的文献综述将确保我们的研究在高职英语教学领域具有坚实的学术基础和理论指导，为改革提供有力的支持。

（二）实地调查

实地调查在高职英语教学研究中具有重要作用，其选择受益于两方面明确的理由。首先，实地调查是获取实际教学环境中信息的有效途径，通过深入走访高职学校，我们能够直接感知和理解高职英语教学的现状和存在的问题。这种亲身经历有助于弥补文献综述中可能存在的信息缺失，使研究更具实质性和可操作性。

其次，实地调查允许我们直接收集教师、学生以及其他相关人士的真实看法和经验。通过与教育从业者和学习者的深入交流，我们可以获得更为细致和全面的数据，了解他们在实际教学中面临的挑战、应对策略以及对教育改革的期望。这有助于确保研究结果更加贴近实际需求，为提出切实可行的解决方案提供更为有力的支持。

在实施步骤上，我们将制定调查问卷，灵活运用开放性和封闭性问题，以确保全面而深入地收集信息。问卷的设计需要针对高职英语教学的各个方面，包括教学方法、学生需求、教师培训等，以保证调查的全面性。同时，通过在高职学校进行实地走访，与教师和学生进行面对面的交流，我们将更好地理解他们的需求和期望，进一步丰富研究的数据来源。

通过综合运用实地调查、文献综述等多种研究方法，本研究旨在全面深入地剖析高职英语教学的现状、问题和解决方案，为高职英语教育的改革提供有力的理论支持和实践指导。

（三）案例分析

高职英语教学研究以案例分析作为研究方法之一，基于以下两个理由。

首先，通过深入研究具体案例，我们能够揭示高职英语教学中存在的问题的根本原因。案例分析能够提供翔实的、具体的情境信息，从而深入挖掘问题的本质，帮助我们更全面地理解问题的发生机制和影响因素。

其次，案例分析有助于将理论知识与实际情境相结合，提高研究的可操作性。通过选择有代表性的高职英语教学案例，我们能够将学术理论与实际问题相结合，使研究更加贴近实际，并为提出解决方案提供深刻的依据。这种融合理论与实践的方法将使研究成果更具实际应用的可能性，为高职英语教学提供更为切实有效的改进方案。

在实施步骤上，我们将选择有代表性的高职英语教学案例进行详细分析。这可能涉及某个学校、某个教学项目或某个特定的教学场景。通过深入挖掘案例，我们将寻找问题的本质，理解其背后的原因和机制。这将有助于我们形成更为深刻的问题认知，为提出创新性的解决方案提供坚实的基础。

二、框架设计与研究步骤概述

（一）研究框架设计

本研究旨在深入研究新时代高职英语教学的现状、问题和解决方案，以全面了解并提升高职英语教育的质量。主题明确为"新时代高职英语教学的现状、问题和解决方案"，对于解决当前教学面临的挑战以及提高教学质量至关重要。

在研究中，关键变量的明确定义将有助于深入剖析高职英语教学的各个方面。首先，我们将关注教学方法这一变量，深入研究不同高职学校采用的教学策略和方法，以了解其对学生学习效果的影响；其次，学生需求将成为研究的另一关键变量，我们将考查学生对英语教学的需求和期望，以确保教学内容和方法更贴合学生实际情况。教师培训作为变量之一，将受到特殊关注，以探讨提高教师专业水平对整个教学体系的积极影响。

研究框架的设计将侧重于这些关键变量之间的相互作用，以及它们对高职英语教学的综合影响。通过全面的调查、文献综述和案例分析，我们将收集大量的实证数据，以验证研究框架的有效性，并得出切实可行的解决方案。这一细致入微的研究设计将为高职英语教学的改革提供具有针对性的建议和实践指导，为提升高职英语教育的水平作出贡献。

（二）研究步骤概述

1. 数据收集

在数据收集阶段，首先进行文献综述，系统梳理近年来高职英语教学的文献资料。通过对学术期刊、专业书籍以及相关报告的深入研读，收集并归纳高职英语教学领域的研究成果。这一过程将为研究提供理论基础和背景，确保深入探讨高职英语教学问题的准确性和全面性。其次进行实地调查，制定包含开放性和封闭性问题的调查问卷。在高职学校开展实地走访，与教师和学生进行深入交流，收集实际教学环境中的信息。通过实地调查，获取教师和学生的真实看法和经验，以揭示高职英语教学的现状和问题。最后选择有代表性的高职英语教学案例，进行详细分析。通过深入挖掘案例，收集案例中的关键信息，为解决方案的提出提供实证依据。案例分析有助于将理论知识与实际情境相结合，提高研究的可操作性。

2. 数据分析

在数据分析阶段，采用统计方法对收集到的定量数据进行分析。运用相关的统计工具和软件，对教学方法、学生需求、教师培训等关键变量进行量化分析，以获取数据之间的关联性和趋势。同时，对收集到的定性数据采用质性分析手段，通过对教师和学生的言辞进行深度解读，挖掘隐藏在文字背后的观点和体验。质性分析有助于更全面地理解教学环境的复杂性和多样性。

3. 问题识别与定位

通过对文献综述、实地调查和案例分析的全面数据深入分析，本研究旨在明确高职英语教学中存在的问题，并精准定位这些问题的根本原因，以为后续解决方案的提出提供深刻的理论基础。

首先，在文献综述中，我们发现高职英语教学领域普遍存在教学方法单一、教材陈旧、学生学习动力不足等问题。这反映了教育体系中存在的一系列制度性和结构性弊端，直接影响到教学效果和学生的学习积极性。

其次，通过实地调查，我们收集到了教师和学生的真实反馈。教师普遍反映教学压力大、培训不足、评价体系缺失等问题。学生则表达了对教材的不满、对课程设置的疑虑以及对实际应用能力的渴望。

最后，在案例分析中，我们深入挖掘了具体的高职英语教学案例，发现一些案例中存在的问题根源在于教学资源不均衡、教师培训机制不健全以及教学与实际需求脱节等方面。这些具体案例的分析为我们揭示了问题的更深层次原因，有助于找到更具针对性的解决途径。

4. 解决方案提出

基于对高职英语教学领域存在问题的深刻分析，我们提出一系列创新性的解决方案，以综合考虑文献综述、实地调查和案例分析的结果，为高职英语教学的改革提供理论支持和实践指导。这些解决方案旨在具有实际可行性，以推动高职英语教学迈向更高的水平。

首先，针对教学方法单一和教材陈旧的问题，我们建议引入多元化的教学策略和现代化的教材。通过融合多媒体、互动式教学和实践性任务，提高学生学科应用能力。同时，鼓励教师参与教学方法的研究与创新，推动高职英语教学向更灵活、富有活力的方向发展。

其次，对于学生需求不被充分满足的问题，我们建议开设更加贴近实际需求的课程，并强调实际应用技能的培养。建立学生参与课程设计的机制，确保教学内容与学生的专业发展需求相契合。此外，加强学科辅导，提供个性化的学业指导，促使学生更积极地参与学科学习。

再次，在教师培训方面，我们主张建立完善的教师培训机制，包括定期的专业培训课程、跟踪指导、教学经验分享等。通过引入新的教育技术和先进的教学理念，提高教师的教学水平和专业素养。同时，鼓励教师参与学术研究，促使他们保持对新知识的不断更新，从而更好地适应高职英语教学的快速发展。

最后，为了解决教育资源不均衡、评价体系缺失等案例分析中出现的问题，我们提出建立更公平的资源分配机制，确保各高职学校都能够获得足够的教育资源。同时，倡导建立科学合理的评价体系，以多元化的方式全面评估教育质量，使评价更加客观、公正。

第二章 高职英语教学理论体系

第一节 教育理论与英语教学

一、陶行知的生活教育理论与英语教学

陶行知先生的生活教育理论深受杜威教育思想的启发，形成了独特的教育理念，对于英语教学提供了深刻的指导。这一理论体系主要体现在"生活即教育""社会即学校""教学做合一"三个方面。

（一）"生活即教育"

陶行知强调"生活即教育"的核心思想，强调生活本身就蕴含着教育的意义。首先，这意味着教育不能脱离生活，应当紧密结合学生的实际生活情境，使教育活动更加贴近学生的日常经验；其次，实际生活是教育的中心，强调了教育要通过生活来实现，而非脱离生活的抽象理论；最后，"生活决定教育，教育改造生活"表明了教育与生活相辅相成，教育应当回归生活，通过改造生活来实现其目标。在英语教学中，这意味着教育者应当注重将语言运用贴近学生的实际生活，使之更具实用性和吸引力。

（二）"社会即学校"

"社会即学校"体现了陶行知对教育场所的重新定义，将学校与社会生活相统一。这一理念要求教育不能仅仅局限于传统的教室，而应当将社会生活的各个方面作为潜在的教育场所。在英语教学中，这意味着教育者应当创造多样的语言学习环境，使学生在实际生活中能够不断接触、运用英语，使学校教育与社会实践相结合，培养学生更全面的语言能力。

（三）"教学做合一"

"教学做合一"强调教育中的实践活动，认为教育的核心是"做"而非"说"或"听"。教与学、学与做相统一，教学活动应当以实际操作为中心。在英语教

学中，这意味着教育者应当注重学生的实际语言运用，通过各种实践活动如角色扮演、情景模拟等，学生能更好地将所学知识融入实际运用中，提高语言实际运用能力。同时，教育者也要通过学生的实际做事，引导他们更深层次地理解和掌握语言知识。

陶行知的生活教育理论为英语教学提供了新的视角和方法，鼓励教育者将教学与学生的实际生活相结合，创造更丰富、更实用的语言学习环境，培养学生更全面的语言能力。

二、陈鹤琴的"活教育"理论与英语教学

陈鹤琴是中国近代学前儿童教育领域的先驱之一，他的活教育理论为教育实践提供了独特的视角。他反对传统教育中过度依赖书本的做法，主张"大自然、大社会都是活教材"，强调教育应该以实际生活为出发点，让学生通过直接与自然和社会互动来学习。

（一）"活教育"的课程理论

"活教育"的课程理论体现在对"活教材"的强调上。陈鹤琴认为，儿童通过与大自然和大社会的直接接触，能够真实地获得知识和经验。这一理论对英语教学有所启示，提倡教育者将语言学习融入实际情境，学生通过观察、亲身体验，能更自然地学习语言。同时，强调书本知识应该真实反映儿童的身心和生活特点，这使得教材设计需要更贴近学生的实际需求和兴趣。

（二）"做"与"活教育"的教学论

陈鹤琴将"做"作为活教育的出发点，强调儿童在学习中的主体地位。他认为，通过实际做事，儿童能够产生思考、兴趣，并提高实际操作的能力。这一理念对英语教学的启示在于鼓励学生参与实际语言运用活动，如角色扮演、情景模拟等，从而增强学生的语言实际运用能力。同时，强调教师在鼓励儿童积极"做"的同时，应该充当有效指导者的角色，运用心理学和教育学知识对学生进行启发和诱导，促使学生更深层次地理解和掌握语言知识。

陈鹤琴的活教育理论为英语教学提供了新的教学思路，强调通过实际经验和实践活动培养学生的语言能力，使语言学习更加贴近实际生活。

三、建构主义学习理论与英语教学

建构主义学习理论在 20 世纪 90 年代末被引入中国，其核心思想包括认知的建构主义、社会的建构主义和激进的建构主义。这三种建构主义的共识体现在知

识观、学习活动观和学生观三个方面。对于知识，建构主义强调知识的主观性和动态性。知识不是客观存在的事物，而是个体经验、解释和假设的产物。这对英语教学提出挑战，要求教育者关注学生的经验，使语言学习更加符合学生的主观认知。

（一）学习活动观

建构主义认为学习不是简单的外部信息传递和内部吸收过程，而是学习者通过感觉吸收并构建意义的主动过程。学习者在选择和加工外部信息时，与外部世界相互作用。这一观点在英语教学中意味着教育者需要设计能够激发学生主动参与的学习活动，让学生通过互动构建语言意义，而非被动接受。

（二）学生观

建构主义强调学生对周围事物已有一定认知，学生并非空白状态。学生在学习过程中通过选择性注意和将新信息同化到已有经验中，建构新信息的意义。对于英语教学而言，这意味着教育者应该将学生的现有知识和经验作为教学的出发点，创设符合学生生活结构的情境，引导学生通过已有经验理解新知识。

建构主义学习理论为英语教学提供了新的视角。教育者应当注重学生的主观认知和经验，设计促使学生主动参与、构建意义的学习活动，并理解学生在学习中的现有认知，以此为基础引导学生建构新的语言知识。

四、情境认知与学习理论以及英语教学

（一）理论发展与阶段

情境认知与学习理论的发展经历了三个阶段。首先，在早期研究阶段，理论的基础可以追溯到维果茨基的文化历史学说、社会建构主义知识、社会学以及杜威的实用主义等理论。然而，这一阶段的研究相对零散，还未形成系统化的理论体系。其次，理论在20世纪80年代中期到90年代初期初步形成，得益于瑞兹尼克、布朗、柯林斯和达吉德等学者的关键论文，首次明确提出了"情境性学习"的概念。最后，理论体系在1993年至今进入发展和完善阶段，得益于学者们的深入研究和对情境认知与学习理论的综合性成果。

（二）理论观点与学习实质

情境认知与学习理论将学习的实质概括为个体参与实践并与他人、环境相互作用的过程，是形成实践活动能力、提高社会水平的过程。这一理论观点突出了学习的情境性、真实性、实践性、探究性和主动性。在教学中，这就要求教师善

于将学生在生活中可能遇到的问题作为出发点，创设真实情境，激发学生的兴趣和自主学习的动机。

（三）情境性教学在英语教学中的应用

情境性教学是情境认知与学习理论在实际教学中的具体应用。首先，情境性教学要使学习在与现实情境相类似的情境中发生，以解决学生在现实生活中遇到的问题为目标。其次，教学过程与学生解决现实问题的过程相类似，教师充当提供解决问题原型和适时指导的角色。最后，情境性教学采用情境化的评价方式，通过融合式测试或与学习过程一致的情境化评估，更贴近实际学习过程。

在英语教学中，教师应选取与学生现实生活相关的真实性任务，尊重学生学习的主体性，引导他们进行自主探究。同时，教学评价也应贯穿于整个学习活动中，关注学生的实际表现，以更全面地了解学生的语言能力和应用水平。

情境认知与学习理论为英语教学提供了新的理论视角，强调了学习的实际应用和情境性。教育者应灵活运用情境性教学，创设具有真实性的学习情境，激发学生的学习热情，促使其更好地掌握语言知识和应用技能。

五、整体语言教学理论与英语教学

（一）整体语言教学的提出及理论基础

整体语言教学于 20 世纪 70 年代末 80 年代初被西方教育界提出，强调将语言视为整体进行学习和教学。该理论立足于语言习得、自然发生的读写能力，并整合了心理语言学、认知和发展心理学、社会语言学、教育学以及人类学等多学科知识。语言学家 K.Goodman 是该理论的主要倡导者，他强调整体语言教学是一种以学生为中心的课程计划的教学观点，理论观点包括学习环境、学习者和语言本身的整体性。

（二）整体语言教学的核心观点

1. 语言的整体性

整体语言教学认为，语言应当作为一个整体来学习。学习环境、语言材料的真实性和相关性，以及语言的意义和功能都是学习的重要因素。学生在选择和使用语言时，若语言是整体的、有意义的，学习将更为容易。

2. 语言的个人与社会性

语言既是个人的，又是社会的。从内部机制看，语言是受交际需要驱动的；而从外部机制看，语言是朝着社会规范而形成的。因此，语言的发展是个人和社会共同的成就。

3. 学习通过语言事件进行

学生通过语言和关于语言的学习中获得实践能力，这一切都是在真实言语事件和读写能力事件的语境中同时发生的。整体语言教学强调语言学习要贴近学生生活，通过真实语境中的语言使用来取得意义。

4. 学习的能力性

语言发展是能力性的，学生应当拥有学习的主动权。学生在学习过程中需要能够选择何时使用语言、为何使用语言以及使用语言的效果等。整体语言教学强调学生在学习中的主体作用。

5. 语言学习即学习如何表达意思

整体语言教学理论认为，学生学习语言的目的是学习如何表达意思。通过与父母、家庭成员、亲戚朋友等的交谈，在文化的语境中取得意义是语言学习的关键。

（三）整体语言教学在英语教学中的应用

在高职英语教学中，整体语言教学理论提供了重要的启示。

首先，教师应根据学生的基本学情和实际需要开展教学，选择激发学生学习兴趣、符合学生认知规律的内容，提高学生学习内容的整体性。

其次，教师要认识到语言是一个完整的整体，不能将听说读写技能的培养分割开来。通过创设有意义的情境和设计合理的教学活动，将学生的听力训练、词汇学习、阅读理解、口头展示和书面表达等技能作为一个整体来培养。

最后，教师要意识到学生学习语言的目的是满足在现实生活中的真实需求。鼓励学生在真实交往环境中运用所学知识，通过语言学习来表达思想和交流信息。

整体语言教学理论为英语教学提供了新的理论视角，强调学习的实际应用和情境性。教育者应在教学中灵活运用整体语言教学，激发学生的学习热情，提高整体语言学习能力。

第二节 新时代背景下的高职英语教学理念

一、时代背景与高职英语教学的新要求

（一）全球化与信息化趋势

1. 全球化挑战与机遇

随着全球化的深入，高职英语教学需紧密迎合全球竞争的挑战与机遇。学生不仅需要具备基本的语言技能，还要具备跨文化沟通的敏感性和灵活性。教育要

致力于培养学生具备面向国际市场的语言交流技能，使其能够在国际化的背景下更好地融入职场。

2. 信息时代的信息获取能力

在信息化时代，学生需要具备高效的信息获取和处理能力。高职英语教学要强调信息素养的培养，让学生能够利用英语迅速且准确地获取各类信息，并在各个领域应用这些信息。这包括对网络信息、跨文化交流中的数据、文献等的处理能力。

3. 国际合作的语言技能

高职院校的学生有可能会在国际团队中工作，因此，英语教学应注重培养学生的国际合作能力。强调团队协作，培养学生在英语环境中与国际伙伴进行高效沟通、解决问题的能力，使其能够在国际职场中脱颖而出。

（二）职业素养的强调

1. 职场沟通技能的培养

高职英语教学应当紧密贴合职场需求，注重培养学生在职场中所需的实际语言技能。强调口头表达、书面沟通、商务英语等方面的培养，使学生能够在各类职业场景中进行有效沟通。

2. 专业术语与知识的融合

教师应帮助学生将英语技能与所学专业知识相结合。强调在特定专业领域内的英语应用，培养学生具备理解和运用专业术语的能力。这有助于学生更好地适应未来从事的职业。

3. 解决实际工作问题的能力

职业素养不仅包括语言技能，还包括解决实际问题的综合能力。高职英语教学要注重培养学生在工作中遇到实际问题时的解决能力，使他们能够运用英语技能解决具体的业务难题。

（三）创新与实践导向

1. 实际工作场景的模拟教学

教师要借助先进技术手段，创设真实工作场景的模拟教学环境。通过虚拟实境、虚拟项目等方式，激发学生的学习兴趣，使其在课堂中能够接触到真实的职业场景，提高实际应用能力。

2. 任务驱动型教学

教育理念要强调任务驱动型教学，使学生在完成实际任务的过程中，不断运用英语进行交流。这有助于培养学生的实际应用能力，让他们更好地适应未来的工作环境。

3. 实践案例分析

教学中要引入实际案例，通过对真实案例的分析，帮助学生理解英语在实际职业中的应用。通过实践案例的讨论，学生能够更深入地理解专业领域内的英语应用，培养解决问题的能力。

4. 交互式学习环境

教育理念要强调建立交互式学习环境。通过小组讨论、实践项目等形式，激发学生的参与热情，促进学生之间的合作与交流。这种互动式的学习环境既有助于英语技能的提升，也培养了学生的团队协作精神。

5. 多媒体技术的整合

教育中要善用多媒体技术，为学生提供更多样化的学习资源。通过引入影视资料、在线英语学习平台等，教师能够更生动地呈现实际工作场景，提升学生学习英语的兴趣和体验。

二、高职英语教学理念的内涵与实践

（一）职业实用性教学

高职英语教学理念的职业实用性强调培养学生在职场中所需的实际语言技能。这一理念的内涵体现在教学目标、教学内容和教学方法等多个方面。首先，教学目标应立足于学生未来从事的具体职业，明确培养学生的沟通、交际、表达等职业素养；其次，教学内容要与学生所学专业领域相结合，强调专业英语词汇、表达方式以及与专业相关的实际语境；最后，教学方法要注重实际情境的模拟，通过案例分析、角色扮演等方式激发学生参与，提高他们在实际工作场景中进行语言沟通的能力。

在实际教学中，教师可以通过以下途径贯彻职业实用性教学理念。首先，与企业建立紧密联系，获取实际工作场景中的语言需求和应用场景，调整教学内容和任务；其次，通过实际案例分析，让学生在模拟的职场情境中运用英语解决实际问题，提升实践操作能力；最后，定期组织学生参与实地实习，让他们亲身体验职业生活，巩固所学知识，增强语言应用技能。

（二）跨学科融合

跨学科融合的理念要求英语教育与相关专业知识相互渗透，形成一体化的学科体系。这一理念旨在打破传统学科的壁垒，促使学生更全面地理解和运用英语。在高职英语教学中，跨学科融合可以体现在教学内容、教学方法和课程设置等方面。首先，教学内容应融入相关专业背景，将专业知识与英语技能相结合；其次，教学方法可以采用跨学科合作的方式，引入其他专业领域的案例和实际问题，让学生更好地理解和应用英语；最后，课程设置要注重跨学科课程的设计，使学生在英语学习中能够涉猎多个学科领域，培养综合素养。

跨学科融合的实践操作需要教师在具体教学中进行有针对性的设计。首先，教师可以与其他专业的教师进行合作，设计跨学科的教学项目，使学生既能学到英语知识，又能了解其他相关专业的背景；其次，引入跨学科的案例分析，让学生通过分析实际问题，掌握解决问题所需的英语表达方式；最后，鼓励学生参加跨学科的实践活动，拓宽知识面，培养跨领域合作的能力。

（三）创设实际工作情境

创设实际工作情境的理念旨在通过模拟真实的职业场景，提供学生实际操作的机会，增强他们在实际工作中运用英语的信心和能力。这一理念强调学生在教学中的参与度和实践经验的积累。在实际工作情境中，学生能够更贴近职场，理解真实的语境，以更好地适应未来的工作生活。

在实际工作情境的创设中，教师需要精心设计教学场景，确保学生能够融入真实的职业环境。首先，通过案例教学，将学生带入实际工作场景，让他们面对真实的语言交流问题；其次，组织实地参观，让学生亲身感受各种职业场所，促进他们对实际工作情境的了解；最后，设计实践项目，让学生在团队协作中完成模拟职业任务，培养他们解决问题的团队协作精神。

三、教师角色与学生主体性培养

（一）教师的角色转变

1. 教师在新时代高职英语教学中的新角色

在新时代高职英语教学理念下，教师的角色经历了重要的转变。教师不再仅仅是传统的知识传递者，更应成为学生学习的引导者和实践组织者。这一转变要求教师不断更新教育理念，具备更为丰富的教学方法和策略，以更好地适应学生的需求和社会的发展。

2. 教师角色转变的内涵

教师角色的转变涵盖了引导者和激发者、实践组织者以及关注学生个体差异等方面。

首先，教师在新时代的高职英语教学中被要求成为学生学习的引导者和激发者。这意味着教师不再仅仅是知识的传递者，而更要引导学生积极参与学习过程，激发他们的学习兴趣。通过启发式的教学方法，教师可以鼓励学生主动提出问题、探索解决方案，从而培养他们的独立思考能力。这种角色的内涵在于教师不再是课堂的主宰者，而是与学生一同参与学习的过程，成为学习的合作者。

其次，教师需要成为实践组织者。这意味着教师需要组织实际的项目和任务，让学生参与到真实的语境中。通过实践活动，学生能更好地理解和运用英语知识，培养解决实际问题的能力。教师在这一角色下要善于创设具有实际意义的教学情境，使学生能够将所学知识应用到实际工作中，提升他们的综合素养。

最后，教师的角色转变还包括关注学生个体差异。这意味着教师要重视学生的个体差异，采用灵活多样的教学策略。通过了解学生的学科兴趣、学习风格和认知水平，教师能够实施差异化教学，满足不同学生的学习需求。这种个体关注的教学方式有助于激发每位学生的学习潜力，提高他们的学业成绩。

3. 实践操作

在实际教学中，教师可以通过一系列操作来贯彻新定位下的教师角色。

首先，定期专业发展培训是至关重要的。教师应积极参加相关的教育培训，以了解最新的教学理念和方法，不断提升自身的专业水平。通过定期的专业发展培训，教师能够更好地适应新时代高职英语教学的需求，获得先进的教学思想和实践经验，从而更有信心和能力引导学生面对未来的挑战。

其次，创建开放式教学环境是实践新教师角色的关键。教师应搭建具有开放性的教学平台，通过鼓励学生提出问题、分享观点，促使学生在教学中更为活跃。开放式教学环境有助于打破传统教学的单向传递模式，促进教师与学生之间的互动与合作，培养学生的主体性，激发他们更积极地参与到学习中。

最后，个性化辅导和评价是贯彻新教师角色的重要实践。教师要针对学生个体差异，开展个性化辅导，了解每个学生的学习特点和需求。通过建立学生档案，定期进行评价，教师可以更好地了解学生的学术水平、兴趣爱好和潜力所在。基于这些了解，教师能够调整教学策略，提供更贴近学生实际需求的指导，确保每位学生都能够得到有效的教育支持。

（二）学生主体性的培养

1. 学生主体性的理念内涵

学生主体性的培养意味着激发学生的学习主动性和创造性，使其在学习过程中能够更好地发挥个体潜能。这一理念的内涵主要包括学生参与性、自主性和目标导向性。

2. 主体性培养的具体做法

在实施主体性培养的具体做法中，教师可以采取多种策略来促使学生更好地发挥主体性和自主性。

首先，设计具有挑战性的任务，教师可以在课程中引入一系列涉及实际问题的任务，要求学生在解决问题的过程中运用英语。这样的任务应当具有一定的难度，以激发学生的学习兴趣和求知欲。例如，可以设计小组讨论、解决案例、模拟实际工作场景等任务，让学生在合作中通过语言交流来解决问题。通过这样的任务，学生不仅能够提高语言运用能力，还能够在解决实际问题的过程中培养团队协作、创新思维和解决问题的能力。

其次，引入项目式学习也是一种有效的方式。通过将学生置于真实项目中，使他们更贴近实际工作情境。项目式学习有助于培养学生的团队协作精神，提高其解决实际问题的能力。例如，可以组织学生参与模拟企业项目、社会实践活动或者是科研项目，通过项目的执行过程，学生需要运用英语进行信息收集、团队协作、成果展示等，全面提升他们的语言实际运用水平。

最后，个性化学习计划也是实现主体性培养的重要途径。鼓励学生根据自身的兴趣和特长制订个性化学习计划，使学习更具针对性和个性化。通过学生自主选择学习内容，他们将更积极主动地参与到学习中，提高学习的积极性。这可以通过设立学习兴趣小组、提供丰富的学科选择、鼓励学生参与学术研究等方式来实现。这样的个性化学习计划有助于学生更好地发挥主体性，根据个体差异制定适合自己的学习路径，提升学习的自主性和深度。

3. 实践操作

在实践操作中，为了更好地培养学生的主体性，教师可以采取一系列切实可行的措施。

首先，设计启发性问题是一项有效的教学策略。在课堂上，教师可以有意识地设置那些能够激发学生思考和主动提出问题的启发性问题。这些问题应当具有一定深度和难度，能够引导学生运用所学知识进行分析和解决。通过让学生自主解决问题，教师能够培养其独立思考的能力，激发学生对知识的主动探索和应用的兴趣。

其次，组织团队合作项目也是促使学生发挥主体性的重要途径。定期组织学生进行团队合作项目，不仅有助于培养学生的协作精神，还能够锻炼他们在团队中发挥主动性的能力。通过实际的团队合作，学生需要在集体中充分发挥自己的优势，主动承担责任，培养团队协作和领导能力。

最后，提供个性化反馈是对学生主体性培养的有益补充。教师可以根据每位学生的学科特长和不足，提供个性化的反馈和建议。这样的反馈可以帮助学生更好地认识自己的优势和不足，激发其在学习中的主动性。通过了解学生的个体差异，教师能够更有针对性地指导学生的学习，鼓励其发挥自身潜能。

（三）终身学习观念

1. 终身学习观念理念的内涵

终身学习观念强调学生不仅要掌握当前所需的英语技能，更要具备学习的方法和策略，以适应未来职业发展的不断变化。这一理念的核心是培养学生的学习动力和学习策略。

2. 培养终身学习观念的实际做法

为了培养学生的终身学习观念，教师可以采取一系列实际的做法。

首先，学习方法的培养是关键。在课堂中，教师应注重培养学生的学习方法，向他们传授学习技能和解决问题的方法。例如，教师可以引导学生学会制订合理的学习计划、有效记忆知识、整理知识结构等方法，使他们具备更好的学习自觉性。通过这种方式，学生能够形成系统的学习方法论，使其在学习过程中更具目的性和高效性，为其终身学习打下坚实基础。

其次，实际问题解决是培养终身学习观念的实际做法之一。通过项目实践和案例分析，学生将直接面对实际问题，需要主动运用英语知识解决现实挑战。这不仅提高了英语应用的实际效果，也锻炼了学生在复杂情境中灵活运用知识的能力。通过实际问题解决的实践活动，学生逐渐形成了主动学习、主动解决问题的思维方式，为其终身学习打下坚实基础。

最后，跨学科知识的引入也是培养终身学习观念的实际做法之一。引入跨学科的知识，让学生了解其他领域的发展动态，培养他们关注多元信息、不断学习的意识。通过了解不同领域的知识，学生可以更好地理解知识的关联性，形成更为丰富和立体的学科认知。这有助于培养学生对未知领域的好奇心和求知欲，使其具备持续学习的动力和能力。

第三节　现代教育技术在英语教学中的应用

一、高职英语教学信息化教学的价值

（一）符合新课程改革的教学发展要求

1. 信息技术与新课程改革的契合

随着教育改革的不断推进，新课程改革在高职英语教学中提倡以学生为中心、注重实际应用和能力培养的理念，旨在创设更灵活、多样的学习环境。在这一背景下，信息技术的应用与新课程改革的理念相契合，为高职英语教学带来了新的可能性。

在传统的教学模式下，学生往往是被动接受知识的对象，学习过程较为单一，缺乏互动性和灵活性。然而，随着信息技术的引入，教学环境发生了积极变化。

首先，信息技术为教学提供了更为丰富和生动的教材资源，如多媒体课件、在线学习平台等，使得学生在学习中能够更直观地理解抽象的语言知识。这有助于打破传统课堂中的局限，激发学生的学习兴趣。

其次，信息技术的应用使得高职英语教学更加注重实践应用。通过网络资源和实时信息，学生能够了解到英语在不同领域的实际运用情况，从而增强他们的国际语言运用能力。新课程改革倡导培养学生的综合素养，信息技术的引入为学生提供了更多展示和运用自身所学知识的机会，促使他们将所学知识更好地应用于实际问题的解决。

最后，信息技术的互动性与新课程改革强调学生参与的理念相一致。在传统教学中，教师主导教学过程，学生被动接受，而信息技术的引入使得学生更容易参与到互动式学习中。例如，通过在线讨论、虚拟实验等形式，学生能够更积极地参与到知识构建和交流中，实现学生在学习过程中的主动性和自主性。

2. 满足英语教学发展的需求

传统的英语教学模式存在一定局限，可能制约了学生对英语知识的全面了解。然而，通过信息技术的应用，教育者可以更加灵活地选择多媒体资源和网络资料，为学生呈现更为丰富的英语学科内容，使他们能够更直观地了解语言背后的文化和社会背景。这种变革有助于培养学生的综合素养，从而更好地满足了英语教学发展的需求。

首先，信息技术的引入为英语教学提供了更为多样和丰富的教学资源。通过在线学习平台、数字化教材以及多媒体课件，教师可以轻松地获取并使用丰富的英语教学资源。这不仅能够使学生接触到更广泛的语言材料，还能够呈现英语知识的多样性，促使学生从不同角度全面了解英语的应用领域。

其次，信息技术的应用使得英语教学更具互动性。通过在线讨论、虚拟实验等形式，学生得以更积极地参与到英语学科的学习中。这种互动性不仅有助于学生更深入地理解所学知识，还能够培养学生的批判性思维和问题解决能力。传统的教学模式往往缺乏足够的互动，而信息技术的引入打破了这一限制，使得学生在学习中能够更主动地探究和思考。

最后，信息技术为英语教学提供了更灵活的学习方式。学生可以通过在线学习平台随时随地获取学习资源，根据自身兴趣和学习节奏进行学习。这种灵活性有助于满足不同学生的学习需求，个性化地引导学生进行英语学科的学习。

3. 信息技术助力教学方法创新

信息技术的广泛应用为教学方法的创新提供了强大支持，为教育体系注入了新的活力。其中，多媒体、在线学习平台等工具成为教学创新的有力助手，为实现项目化、任务型教学提供了广阔的空间。这种创新不仅有助于培养学生的实际运用能力，还能更好地适应新课程改革对教学方法的要求，为学生创造更具互动性和实践性的英语学习环境。

多媒体技术的运用使得教学更为生动和直观。通过多媒体课件、图表、音视频等形式，教师能够将抽象的英语知识以更具体、形象的方式呈现给学生。这种视听效果不仅激发了学生的学习兴趣，也有助于加深他们对语言知识的理解。通过多媒体技术，教师可以创造出更为丰富的教学场景，提高教学的吸引力和趣味性。

在线学习平台的建设为教育提供了新的可能性。通过在线平台，学生可以随时随地获取学习资源，进行自主学习。教师可以将课程内容、习题、讨论等多种教学元素整合到在线平台上，实现教学资源的数字化、在线化。这为学生提供了更为灵活的学习方式，使其能够根据自身的学习进度和需求进行学习，促使学生更加主动地参与到学科的学习中。

在教学方法的创新方面，信息技术也为项目化、任务型教学的深入开展提供了有力支持。通过在线协作平台、虚拟实验等工具，学生可以参与到真实的项目中，完成具体的任务。这种教学方法不仅培养了学生的合作能力和实际运用能力，还使学生的学习更贴近实际工作场景，提高了学习的实用性和可操作性。

（二）有助于促进学生高效学习

1. 提高学生学习效率的必要性

高职英语学生的英语基础普遍较为薄弱，这为提高整体学习效率提出了迫切需求。因此，采用更为有效的学习方法显得尤为重要。信息技术的科学应用为满足这一需求提供了可能性，其在提高学生学习效率方面具有重要的作用。

首先，高职英语学生的英语水平参差不齐，且整体水平较低。传统的教学方法可能无法充分满足学生的学习需求，需要通过信息技术的应用提供更为个性化、差异化的学习资源。通过在线学习平台、自适应学习系统等工具，学生可以根据自身水平和学习进度选择适合自己的学习内容，实现有针对性的学习，提高学习效率。

其次，信息技术的应用为高职英语学生提供了更为灵活的学习方式。学生可以通过在线学习平台随时随地获取学习资源，不再受制于传统课堂的时间和地点限制。这种灵活性有助于激发学生的学习兴趣，提高学习的主动性和积极性，从而提高整体学习效率。

最后，信息技术的科学应用还可以提供多样化的学习资源，丰富学生的学习体验。通过多媒体、虚拟实验等形式呈现英语知识，使学习更加生动直观。这种多样性的学习体验能够激发学生的学习兴趣，使他们更愿意投入到学习中，提高学习效率。

2. 个性化学习与自主学习的促进

信息技术的引入为实现个性化学习和自主学习提供了有力支持。在高职英语教育中，学生的英语水平和学科需求存在较大的差异，因此，通过信息技术的应用，可以根据每个学生的实际情况提供定制化的学习资源，从而促进个性化学习的发展。

在线学习平台是实现个性化学习的有效工具之一。通过这一平台，学生可以根据自身的学习进度和兴趣自主选择学习内容，灵活安排学习时间。这种个性化的学习方式有助于满足不同学生的学科需求，使他们能够更有针对性地进行学习，提高学习效果。

个性化学习的实现还需要多样化的学习资源支持。信息技术可以提供多媒体、虚拟实验等形式的学习资源，使学生能够以更直观、生动的方式接触英语知识。这样的多样性学习资源不仅满足了学生的个性化学习需求，还激发了他们的学习兴趣，提高了学习的自主性。

　　在实现自主学习方面，信息技术也发挥了积极作用。通过在线学习平台，学生可以随时随地获取学习资源，不再受限于传统课堂的时间和地点。这种灵活性使学生能够更好地安排自己的学习计划，提高了学习的自主性和主动性。

　　因此，信息技术的引入不仅有助于实现个性化学习，还促进了学生自主学习的发展。通过在线学习平台和多样化学习资源的支持，学生能够更灵活地选择学习内容，更自主地安排学习进度，从而提高整体学习效果。这为高职英语教育提供了一种更为灵活、个性化的教学模式。

3. 提供丰富多样的学习资源

　　在传统的教学模式下，学生的学习资源通常受到时间和地域的限制，而信息技术的应用为学生提供了更为丰富多样的学习资源，极大地拓展了学习的途径和可能性。这种变革不仅使学生能够更灵活地获取知识，还激发了他们的学习兴趣，提高了学习效率。

　　信息技术被引入后，学生可以通过在线课程获取全球各地的优质教育资源。这种方式打破了传统教学中地域的限制，使得学生能够在任何时间、任何地点接触到丰富的学科内容。在线课程的多样性和全球性为学生提供了更广阔的学术视野，使其能够深入了解不同文化、不同领域的知识，促进了跨文化和跨学科的学习。

　　此外，英语学习应用的广泛使用也为学生提供了便捷而个性化的学习体验。通过各种应用软件，学生可以进行听说读写的全方位训练，随时随地巩固英语技能。这种互动性和个性化的学习方式不仅使学生更主动地参与学习，还能够根据个体差异提供定制化的学习方案，满足学生的个性化学习需求。

　　多媒体教材的运用也是信息技术助力丰富学习资源的重要手段。通过图像、音频、视频等多媒体形式呈现的教材，能够更生动地展示英语知识，使抽象概念更具体可感，提高学生对知识的理解和记忆。这样的教材设计有助于激发学生的学习兴趣，使学习变得更富有趣味性。

（三）能激发学生学习英语的兴趣和自主性

1. 创新教学模式引发学生兴趣

　　信息技术的应用为英语教学带来了新的教学模式，其中游戏化教学和虚拟实境等创新方式引发了学生对英语学习的浓厚兴趣。这些创新教学模式通过巧妙的设计和技术的支持，使学习变得更富趣味性，打破了传统教学模式的单调性，缓解了学生对英语学习的抵触情绪。

　　游戏化教学是一种通过将游戏元素融入教学过程中来提高学习动机和激发学

习兴趣的方式。在英语教学中，教师可以设计各种语言游戏、角色扮演和竞赛，使学生在轻松愉快的氛围中学习英语。这种模式不仅能够调动学生的学习积极性，还能够培养他们的团队合作和竞争意识，使学习变得更富有互动性。

虚拟实境则通过技术手段模拟真实场景，使学生沉浸在虚拟的语境中，为其提供更真实、具体的语言体验。例如，通过虚拟实境技术，学生仿佛置身于英语国家的日常生活中，与虚拟角色进行实时对话，增强语言运用能力。这种身临其境的学习体验使学习变得更具感知性和趣味性，从而更容易引发学生的兴趣。

创新教学模式的引入不仅使英语教学更具趣味性，也有助于激发学生的学习主动性。学生在参与游戏、体验虚拟实境的过程中，更容易产生学习的兴奋感和成就感，从而更积极地投入到学习中。这种情感上的满足和成就感对于培养学生长期的学习兴趣和积极性具有重要的意义。

2. 动态化的英语知识呈现

信息技术的广泛运用为英语知识的呈现注入了新的活力，使得教学更具动态性和实时性。通过多媒体和网络资源，教师能够引入最新的语境和实际案例，从而使学生更容易理解和接受英语知识。

在传统教学模式下，学生通常接触的是静态的教材和教学内容，难以贴近实际生活和社会发展的脉搏。然而，信息技术的应用改变了这一局面。教师可以通过多媒体展示与学科相关的新闻报道、社会热点、实地考察等，将英语知识融入实际情境中。这种动态的呈现方式有助于使学生更加贴近英语的实际运用，激发他们对学科的兴趣和好奇心。

网络资源的引入使得英语教学能够及时更新最新的信息和语境。教师可以通过在线资源获取最新的英语教学资料、学术研究成果、文化活动等，为学生呈现丰富多样、实时更新的英语知识。这种及时更新的动态性不仅使英语教学更富有活力，也有助于培养学生对知识的积极学习态度。

此外，信息技术的运用还可以通过虚拟实境、互动式多媒体等方式，将学生带入生动的语境中，提供更具体、直观的学习体验。学生通过虚拟实境技术仿佛置身于英语国家的日常生活中，与虚拟角色进行互动，增加了学习的趣味性和参与感。这种动态化的英语知识呈现方式有效地拉近了英语与学生生活的距离，使学科内容更加贴近学生的实际需求和兴趣。

因此，信息技术的运用使得英语知识的呈现更富有生机，为学生提供了更具体、实时和贴近实际的学习体验，有助于激发学生的学习兴趣，提高学习的主动性和积极性。

3. 利用信息技术提高学生合作意愿

信息技术的广泛应用为创造合作型学习环境提供了有力支持，通过在线平台等工具，学生能够更加便利地进行协作学习和在线讨论，从而有效提高学生的合作意愿。这种合作型学习环境的创设不仅促进了学生之间的互动和合作，还有助于培养学生的团队协作精神和自主学习能力。

在线平台为学生提供了一个共享学习资源和交流观点的空间。学生可以通过在虚拟平台上进行合作性学习，共同解决问题、完成任务，分享彼此的见解和学习经验。这样的协作型学习过程不仅有助于拓宽学生的知识面，还培养了他们在协作中提出问题、解决问题的能力。

在信息技术的支持下，学生之间的合作可以不受时间和地域的限制。通过在线讨论、协同编辑文档等方式，学生能够迅速响应和参与到合作型学习中。这种灵活的合作模式使得学生更容易形成学习群体，相互之间能够进行即时的交流和合作，促使学生在学习中不断迭代、互相启发。

合作型学习环境的创设还能够提高学生的自主性。通过参与协作学习，学生需要更主动地思考问题、参与讨论、贡献观点，从而培养了他们在学习中的积极性和主动性。此外，通过与他人合作完成任务，学生还能够学到团队协作的技能，提高解决实际问题的能力。

二、高职英语教学信息化教学问题和信息化教学整合方式

（一）高职英语教学信息化教学问题

1. 信息化教学观念没有创新

（1）缺乏及时的教学观念转变

在高职英语教学中，教师在信息化教学中的观念转变显得迟缓。虽然信息技术为教学提供了新的可能性，但实际上，部分教师仍然采用传统的灌输式教学观念。这种"换汤不换药"的现象限制了信息技术在教学中的充分发挥，影响了英语教学的发展。

（2）教师对信息化技术的适应不足

教师对信息技术的应用需要适应一个全新的教学环境。然而，在实际教学中，许多教师仍未能熟练掌握信息技术的使用，缺乏对于多媒体、在线学习平台等工具的深入理解。这种适应不足影响了教学效果，限制了信息化教学的推广。

（3）需要解决的紧迫问题

教育机构需要采取紧急措施，推动教师的信息化技术培训，引导其及时更新

教学观念。教育部门可以通过组织专业培训、制定相关政策激励教师，以促进信息技术在高职英语教学中更好地落地。

2. 信息化教学的重点把握不准

（1）重点偏移问题的突出性

在信息化教学中，教学的重点不应只是简单地注重信息技术的应用，而是应该科学地把握教学的重点。然而，在实际情况中，信息化教学的重点偏移问题比较突出。有些教学过程过于强调技术的应用，而忽视了学生的实际英语学习需求和教学目标。

（2）需要注重信息技术的针对性应用

为了提高英语教学的整体质量，信息技术的应用需要更加注重针对性。这意味着在具体教学中，教师应该根据学科的特点和学生的实际需求，有针对性地选择和运用信息技术。只有在充分考虑教学重点的情况下，信息技术的应用才能更好地服务于英语教学。

（3）解决问题的方向

为解决重点偏移的问题，高职英语教育机构需要加强对教师的培训，提高其对于信息化教学的理解和把握。教育管理部门应制定相关政策，明确信息技术在英语教学中的应用重点，引导教师在具体教学过程中更加科学地应用信息技术。

3. 信息化教学资源缺乏

（1）资金投入有限

尽管高职英语信息化教学在各高职院校被广泛应用，但由于资金有限，信息化教学资源仍然存在缺乏的问题。这一问题直接影响了信息化教学的发展，使得部分学校无法充分利用信息技术提升教学质量。

（2）影响信息化教学的进一步发展

在信息化时代，资金投入对于信息化教学的发展至关重要。然而，由于部分高职院校缺乏足够的资金投入，信息化教学资源有限，影响了教学的全面发展。

（3）资源共享和创新解决方案

为了解决信息化教学资源缺乏的问题，可以通过推动高职院校资源共享、建立行业合作机制等途径，实现资源的优化利用。此外，政府可以制定相关资金政策，增加对信息化教学的财政支持，从而促进高职英语教育的可持续发展。

（二）高职英语教学信息化教学整合方式

1. 交互性课件和白板整合方式

在高职英语教学中，采用交互性课件和白板整合方式展现出卓越的优势。

首先，互动性课件的运用能够有效激发学生的参与和互动。通过巧妙设计的互动性课件，教师可以引导学生通过发声、触摸和实践操作等方式与教学内容进行互动。这种互动性的教学方式不仅能够调动学生多智能的参与，提高学生的学习兴趣，还能够使学习过程更具趣味性，促使学习由被动转为主动。

其次，交互性课件和白板整合方式允许教师将不同难度和层次的学习资料分层呈现给学生，以适应学生的实际学习水平。这种分层呈现的教学方式有助于个性化学习，学生能够根据自身学习情况选择合适的学习路径，更好地适应个性化学习需求。然而，其需要在师生监督下完成，以确保学生充分准备并完成相关任务。

交互性课件和白板整合方式在高职英语教学中的应用为教学注入了新的元素。通过互动性的设计和分层呈现，这种整合方式既促进了学生的积极参与，又满足了学生个性化学习的需求，使得英语教学更富有趣味性和针对性。这样的教学方式不仅提高了学生的学习效果，还激发了他们对英语学习的主动性。

2. 课件演示整合方式

课件演示整合方式在高职英语教学中以多样化的知识呈现方式为特点。

首先，这种整合方式采用音视频、图片和动画等多种形式呈现英语知识，为学生提供了灵活的选择。通过音视频的应用，学生可以更直观地理解语音和发音，有助于提高他们的听力和口语能力。同时，通过图片和动画的生动呈现，英语知识更形象、更具吸引力，有助于激发学生的学习兴趣，解决英语教学中的难点和重点。

其次，课件演示整合方式具有良好的视听效果，操作方便。教师可以通过灵活运用相关软件，下载音视频、添加超链接等元素，将英语知识以多样的方式呈现给学生。这种方式提高了教学的互动性，使得学生更容易在课堂上理解和消化知识。良好的视听效果也有助于提升学生的学习兴趣，能让他们更加主动地参与英语学习过程。

课件演示整合方式不仅在形式上多样化，而且在内容呈现上更贴合实际英语教学需求。教师可以根据学科内容的难易程度和学生的水平选择合适的呈现方式，提高教学的针对性。这种个性化的学习方式使学生更容易理解和掌握知识，提高了学习效果。

课件演示整合方式以多样化的知识呈现和良好的视听效果为优势，为高职英语教学提供了一种富有创新性的教学手段。这种整合方式既满足了学生对多样化学科资源的需求，又提高了学习效果，为英语教学注入了更多的活力。

3. 微课整合方式

微课整合方式在高职英语教学中的广泛应用，主要彰显其内容精练和资源丰富的特点。

首先，微课的设计以短时、精要为主，有助于学生更加专注地学习。这种短时的设计使得学生在有限的时间内能够接收到丰富的知识，避免了长时间学习的疲劳感，提高了学习的效率。微课所包含的内容经过精心设计，聚焦于英语学科的重难点，使学生能够在短时间内快速掌握关键知识点，有助于拓展学习的深度和广度。

其次，微课整合方式通过共享机制为学生提供了更便捷的学习途径。教师可以根据学科内容的需要整合各种多媒体资源，如视频、音频、图文等，为学生提供丰富的学习资源。这种资源的多样性有助于满足不同学生的学科需求，使学习更为个性化。通过共享机制，教师和学生能够更加方便地获取和分享微课资源，实现了教学资源的共享和优化，促进了学科知识的传递。

微课整合方式的灵活性使其能够更有针对性地解决主要的教学矛盾。教师可以根据学生在学习过程中遇到的难点和问题，有针对性地设计微课内容，帮助学生更好地理解和消化知识。这种个性化的学习方式有助于提高学生的学习兴趣和主动性，使其更积极地参与到英语学习中。同时，学生也能够根据自己的学科需求选择合适的微课学习，提高学习的针对性和实用性。

微课整合方式以内容精练和资源丰富为特点，在高职英语教学中具有显著的优势。这种方式不仅提高了学习效率，还满足了学生个性化的学科需求，有助于解决主要的教学矛盾，推动了英语教学的创新和发展。

第三章　高职英语课程设计与教学模型

第一节　课程设计的基本原则

一、以能力培养为导向的课程设计

（一）理念阐释

新时代高职英语课程设计的理念是基于社会对英语综合能力需求的变化而提出的。随着全球化的发展，英语已经成为国际交流的重要工具，对高职毕业生的英语要求也日益提高。因此，我们需要建立以学生能力培养为核心导向的课程设计，使学生具备在实际工作中运用英语的综合能力。

1. 核心理念

新时代高职英语课程设计的核心理念是通过全面培养学生的听、说、读、写等多方面的英语语言技能，使其能够在实际应用中熟练运用英语，以更好地适应未来职业发展的需要。这一理念体现了以学生为中心的教育理念，注重培养学生的实际应用能力，使其在职场中具备竞争力。

2. 学习目标和任务

在这一理念下，学习目标和任务的设定至关重要。课程设计应明确学生需要达到的各项能力目标，如在商务场景中进行有效沟通、撰写专业文件、参与国际项目等。任务应具有实际性，能够激发学生学习的积极性和主动性，让他们在任务中不断提升语言技能。

3. 未来职业发展导向

新时代高职英语课程设计应当紧密结合未来职业发展趋势，注重培养学生适应未来工作环境的能力。这包括对新技术、新行业的英语表达能力，以及跨文化沟通和团队协作的能力。课程设计要紧跟时代潮流，为学生提供全面发展的机会，使其更好地适应未来职业挑战。

（二）实施策略

1. 实际语境模拟与任务驱动

为了贯彻以能力培养为导向的理念，教学活动应注重实际语境的模拟和任务驱动。通过引入真实场景和案例分析，学生能够在课堂上体验到真实的工作环境，提高应对实际问题的能力。项目式学习是其中的关键方法，通过团队合作完成项目，培养学生的解决问题能力和团队协作能力。

2. 内容设计的多元性

课程内容设计要兼顾基础知识的传授和实际技能的训练。既要注重语法、词汇等基础知识的教学，又要强调实际应用技能的培养，如演讲技巧、商务谈判技能等。内容设计要具有针对性，紧密结合学生所学专业领域，确保学生能够在实际工作中运用所学英语知识。

3. 跨学科融合

为了提升学生的综合能力，课程设计应促进跨学科融合。通过与其他专业课程的结合，学生在英语学习中不仅能够应对专业领域的语言需求，还能够拓展对其他领域的理解，培养学生的跨学科思维和综合分析能力。

（三）评估机制

1. 多元化的评估方式

评估是能力培养导向课程设计的重要一环。为了全面了解学生的综合能力，采用多元化的评估方式是必不可少的。包括项目作业、口头表达、人际沟通等多种方式，使评估更具有全面性和实际性。这可以通过定期的小组讨论、个人展示等方式来实现。

2. 评估标准的具体明确

评估标准要具体明确，突出实际应用。在项目作业中，可以设置详细的评分标准，包括语言表达的准确性、解决实际问题的能力、团队合作的效果等方面。评估标准的具体性有助于学生明确学习目标，促使其更有针对性地提高自己的能力。

3. 鼓励创新性思维和团队协作

评估机制要鼓励学生展现创新思维和团队协作能力。在项目评估中，可以设置专门评价创新思维的指标，以及团队协作的评价标准。通过这样的评估机制，可以培养学生在实际工作中具备创新能力和团队协作的竞争力。

二、课程目标的明确与层次分明

（一）设定清晰的学科目标

1. 语法目标的明确

在新时代高职英语课程设计中，语法目标的明确是至关重要的。学生需要通过课程学习，掌握英语语法的基本规则和结构，能够正确运用于实际交流中。具体目标可以包括对不同时态、语态、句型结构的理解和运用，以及避免常见语法错误等。

2. 词汇目标的具体要求

课程目标还应包括词汇方面的具体要求。学生需要掌握与其专业相关的专业术语，同时也需要扩展一般性的词汇量，以便更灵活地表达思想。目标可以涉及词汇量的积累、词义辨析、词汇运用的语境适应等方面。

3. 听、说、读、写技能的综合目标

英语课程设计要注重培养学生的听、说、读、写等综合语言技能。设定明确的听力目标，包括听取不同场景下的对话、讲座、新闻报道等；口语目标可以涉及流利表达、语音语调的准确性等；阅读目标要求学生能够阅读各类文本，包括专业文献和实际工作中的文件；写作目标则强调学生能够撰写规范的邮件、报告、论文等。

4. 学科目标的实际应用

所有学科目标都应紧密结合实际应用，强调学科知识在未来职业发展中的重要性。例如，语法规则的学习不仅仅是为了考试，更是为了学生在职场中能够清晰地表达自己的想法；词汇的积累不仅仅是为了记忆，更是为了使学生能够更自信、更流利地进行专业交流。

（二）层次分明的课程目标

1. 初级阶段的目标设定

在初级阶段，学生的英语水平可能较低，因此课程目标应设置在建立基本语言能力的基础上。这包括了解基本语法规则、积累基础词汇、进行简单的日常对话等。初级阶段的目标设计应注重培养学生的兴趣，通过生活化的场景让学生逐步适应英语学习。

2. 中级阶段的目标设定

中级阶段的学生已经掌握了基本的语法和词汇，因此目标可以更近一步，涉及更复杂的语法结构、专业领域的词汇积累，以及能够进行简单专业交流的口语

表达。此阶段的目标设计要求学生在实际场景中能够灵活运用所学知识。

3. 高级阶段的目标设定

高级阶段的目标应更加注重学生的专业能力和跨文化交际能力。学生需要能够阅读并理解复杂的专业文献，进行高水平的口头表达和书面写作，并能够在国际环境中进行跨文化交流。目标设计要求学生在实际工作和学术领域中能够胜任更高难度的英语任务。

4. 跨学科目标的设定

为了培养学生的综合能力，课程目标应涉及跨学科的要求。例如，工程类专业的学生需要具备良好的英语技能，以便与国际同行合作；商务类专业的学生需要在商务英语中表达自如。跨学科目标的设定有助于提高学生的综合素质，使其更好地适应未来职业发展的需求。

第二节　高职英语课程的结构与内容

一、基础英语

（一）词汇学习

1. 日常生活用词的积累

基础英语阶段，学生需要系统地学习和积累日常生活用词。这包括与家庭、学校、社会等方面相关的词汇。通过单词卡片、图片识记等方法，学生可以更直观地理解和记忆词汇，建立起牢固的基础词汇基础。

2. 专业术语的学习

考虑到学生大多来自职高或职专，基础英语阶段也应引入一些与其专业相关的专业术语。这有助于学生将英语学习与未来专业发展相结合，提前熟悉并掌握相关专业词汇，为将来的专业英语学习打下坚实的基础。

3. 教学方法的多样化

为提高学生对词汇的掌握和运用能力，教学方法应当多样化。除了传统的背诵方式外，还可以引入语境记忆法，通过将词汇放入实际语境中，帮助学生更好地理解和运用。同时，使用单词卡片进行词汇记忆，通过游戏的方式激发学生的学习兴趣。

（二）语法基础

1. 句子结构的理解

在语法的教学中，首先要重点关注句子结构。学生需要理解主谓宾结构、并列句、复合句等基本句型，建立对英语句子结构的敏感性。通过实例分析和实际运用，帮助学生更深入地理解句子结构的变化和运用。

2. 时态和语态的学习

时态和语态是语法中的关键要素。教学内容应包括各种时态的用法和语态的转换规则。通过举例分析和实际练习，学生可以逐步掌握并运用这些语法知识。注重实际应用场景，使学生能够在实际交流中灵活使用各种时态和语态。

3. 语法教学的系统性

语法教学要有系统性，通过模块化的方式逐步展开，使学生在学习过程中能够逐渐建立起对整体语法体系的认知。教学内容要结合学生的实际水平，从简单到复杂、由表及里地展开，确保学生在每个阶段都能够理解和掌握所学内容。

4. 语法知识的实际运用

强调语法知识的实际运用是语法基础教学的重要方向。通过实际情景模拟、对话练习等方式，学生能够将所学的语法知识应用到实际交流中，提高他们的语言表达能力。

（三）听、说、读、写综合训练

1. 多媒体教学的应用

在听、说、读、写的综合训练中，多媒体教学是一种有效的手段。通过播放英语音频、视频，学生可以更直观地感受语言的真实运用场景，提高听说能力。结合实际情境，进行角色扮演、模拟对话等活动，激发学生的口语表达兴趣。

2. 小组讨论的实践活动

小组讨论是培养学生团队协作和口语表达能力的有效途径。教学内容可以设计一些话题，让学生分组进行讨论，并展示他们的观点。通过这种方式，学生能够在集体中更自信地表达自己的看法，提高口语表达能力。

3. 实际生活场景的模拟

综合训练要贴近学生的实际生活场景。通过模拟购物、旅行、学校日常对话等情境，让学生在轻松的氛围中进行实际语言练习。这有助于学生将所学语言技能更好地应用到日常生活中。

4. 写作训练的设计

写作训练是听说读写综合训练中不可或缺的一环。从简单的日常写作，如日记、简报，逐渐过渡到更为复杂的论文结构。注重写作规范和表达清晰，使学生在写作过程中培养良好的语言习惯和逻辑思维。

（四）拓展学习

1. 英语歌曲的欣赏与学唱

拓展学习阶段可以引入英语歌曲的欣赏与学唱。通过学唱英语歌曲，不仅能够锻炼学生的听力，还能够提高语感和语音准确性。同时，通过歌词的理解，学生能够更好地感受语言的情感表达。

2. 影视剧片段的学习

在拓展学习中，引入影视剧片段的学习可以让学生在真实语境中感受英语的运用。通过观看英语影视剧，学生能够接触到地道的口语表达和各种语言风格。通过分析剧情、对话，学生不仅能够提高听力水平，还能够学到丰富的日常用语和习惯表达方式。

3. 实际情境活动的参与

为了拓展学生的英语应用场景，可以组织实际情境活动，如参观英语演讲比赛、英语角等。这样的活动能够激发学生的兴趣，使其在实践中更好地运用所学英语，提高语言应用能力。

4. 实地考察与调研

通过实地考察和调研，学生可以亲身感受到英语在实际应用中的重要性。可以选择与学生专业相关的领域进行实地考察，进行英语交流与调研。这有助于将学生的语言学习与实际工作需求相结合，为其将来的职业发展打下基础。

通过以上拓展学习的方式，不仅可以提高学生对英语学习的兴趣，还能够将英语应用到更多的实际场景中，培养学生更全面的语言技能。

二、专业英语

（一）专业词汇和术语学习

1. 学科领域专业词汇

专业英语阶段的首要任务是学习与学科领域相关的专业词汇。教师应结合学生所学专业，编制有针对性的专业词汇表，覆盖专业知识的各个方面。通过词汇表的学习，学生能够熟悉并掌握专业英语的基本词汇，为后续的专业学习打下基础。

2. 实际案例的学习

为了更好地理解和运用专业词汇，教学内容应包括实际案例的学习。通过分析真实的专业场景，学生可以在实际应用中更好地理解和记忆专业词汇的用法。这有助于其将学到的知识融入实际工作中。

3. 专业文献的阅读

除了词汇的学习，专业英语阶段还要注重培养学生阅读专业文献的能力。教师可以选用相关领域的专业文章、研究报告等材料，引导学生通过阅读，深入理解学科知识，提高对专业英语的理解水平。

4. 专业词汇的实际运用

专业英语的学习不应仅停留在词汇的记忆，更要强调实际运用。通过编写专业文档、参与专业讨论等活动，学生能够在实践中更自如地运用所学的专业词汇，培养实际工作中的语言表达能力。

（二）专业文献阅读与写作

1. 深度阅读与理解

专业文献阅读要求学生进行深度阅读与理解，包括对学科理论、研究方法等方面的深入了解。通过导读、讲解，引导学生逐步提高阅读理解水平，使其能够理解复杂的专业文献。

2. 专业报告与论文写作

专业英语的教学应注重培养学生的写作能力。通过编写专业报告、撰写小论文等实践活动，学生能够逐渐掌握学术写作的规范和技巧。教学内容应涵盖论文结构、引用规范等方面，使学生在未来的学术交流中更具竞争力。

3. 实际项目文档的分析

为了将写作能力与实际工作紧密结合，可以引入实际项目文档的分析。通过学习和撰写项目计划、实验报告等文档，学生能够在实践中提高专业英语的写作水平，并培养解决实际问题的能力。

4. 同行评审与反馈

专业英语写作的教学要注重同行评审与反馈。通过同学之间的互评和教师的指导，学生能够及时了解自己写作的不足之处，不断改进提高。这种方式有助于培养学生写作的批判性思维和自我提升的能力。

（三）口语表达与沟通技能

1. 模拟专业场景的角色扮演

口语表达与沟通技能的培养可以通过模拟专业场景的角色扮演来实现。教学内容可以包括专业会议、项目汇报等情境，让学生在模拟中提高口头表达能力，并学会在专业场景中进行有效沟通。

2. 小组讨论与合作项目

小组讨论是培养口语表达和团队协作能力的有效途径。通过参与小组讨论和合作项目，学生能够在与同学的互动中提升口头表达技能，锻炼团队合作精神。

3. 专业领域的实际沟通任务

口语表达与沟通技能的培养需要结合实际工作需求。设计专业领域的实际沟通任务，如客户沟通、团队协作等，使学生在真实场景中运用所学口语技能，更好地适应未来职业发展的需求。

4. 语音语调的训练

为了提高口语表达的自然度和流利度，教师可以引入语音语调的训练。通过模仿纯正发音、练习口音调整，学生能够在口语交流中更具自信，增强沟通的效果。

（四）实践项目与案例分析

1. 实践项目设计与执行

专业英语的实践项目设计要紧密结合学科特点，通过真实的项目设计，培养学生解决实际问题的能力。学生可以在项目中运用所学的专业英语知识，提高实际应用水平。

2. 案例分析与解决问题能力

案例分析是专业英语教学中的重要环节。通过分析真实案例，学生能够理解和运用专业知识，培养解决问题的能力。教学内容要包括案例的选取、分析方法的讲解，引导学生在案例中融会贯通，形成对专业知识的系统认识。

3. 实际工作场景的模拟

为了更好地将专业英语应用到实际工作中，可以进行实际工作场景的模拟。通过模拟专业会议、项目汇报等实际场景，学生能够在模拟中提高专业英语的运用能力，培养实际工作中的沟通和协作技能。

4. 团队合作与分工合作

在实践项目和案例分析中，鼓励团队合作与分工合作是必不可少的。通过团队合作，学生能够互相协助，共同解决问题。分工合作则能够锻炼学生在团队中发挥自己的优势，形成协同作战的能力。

三、计算机英语

（一）计算机基础知识学习

1. 计算机体系结构

计算机英语阶段的核心之一是学习计算机的基础知识，包括计算机的构造。教学内容应涵盖计算机硬件组成、中央处理器（CPU）、内存、输入输出设备等方面的知识，使学生了解计算机的基本工作原理。

2. 操作系统和网络基础

学生需要深入学习计算机的操作系统和网络基础知识。内容涉及操作系统的功能、网络通信原理、网络协议等。通过实际操作，学生能够掌握计算机的系统管理和网络配置，为日后的软件开发和计算机维护奠定基础。

3. 数据库基础

数据库是计算机应用中的关键组成部分，因此，学生需要学习数据库的基础知识。包括数据库管理系统（DBMS）、SQL 语言等内容。通过数据库基础的学习，学生能够理解和处理与数据存储、检索相关的问题。

4. 安全与隐私保护

随着计算机技术的不断发展，安全问题愈加重要。教学内容要覆盖计算机系统和网络的安全知识，包括防火墙、加密技术等。学生需要了解并掌握在计算机使用中如何保障系统和信息的安全性，以及隐私保护的相关法规和措施。

（二）程序设计与软件开发

1. 编程基础

在计算机英语阶段，学生需要学习编程基础知识。内容包括常见的编程语言、程序设计思想等。通过实际编程练习，学生能够培养良好的编程习惯和逻辑思维能力。

2. 软件开发流程

软件开发不仅仅是编写代码，还涉及整个软件开发生命周期的管理。学生需要了解软件需求分析、设计、编码、测试、维护等各个阶段。教学内容应包括各个阶段的具体任务和常用的开发方法。

3. 版本控制工具

版本控制工具在团队协作的软件开发中起到重要作用。学生需要学习常见的版本控制工具,如 Git,了解分支管理、合并等操作,以便更好地参与团队协作项目。

4.项目实践与实际案例分析

为了提高学生的实际开发能力，教学内容应包括项目实践和实际案例分析。通过完成小型项目，学生能够在实际中应用所学的编程和软件开发知识，培养解决实际问题的能力。

（三）计算机英语实际应用

1.实际工作场景模拟

计算机英语学习需要紧密结合实际工作场景进行模拟。教学内容可以包括在软件开发团队中的沟通与合作、网络管理中的应急处理等实际应用技能。学生在模拟中能够更好地理解和运用计算机英语。

2.项目管理与团队协作

在计算机领域，项目管理和团队协作能力同样至关重要。学生需要学习项目管理工具、团队协作软件等，了解团队协作流程、任务分配等，以提高在实际工作中的协作效率。

3.解决实际问题

计算机英语的实际应用要求学生具备解决实际问题的能力。通过引入实际问题案例，教学内容应包括问题分析、解决方案设计、实施和评估等环节，培养学生在工作中独立解决问题的能力。

（四）跨学科融合

1.计算机技术与专业英语的结合

计算机技术与专业英语的跨学科融合需要教学内容能够使学生在计算机技术领域不仅具备技术方面的知识，同时，能够运用专业英语进行高效沟通。内容包括在技术文档的编写、技术会议中的表达等方面的培训。

2.团队协作与跨学科交流

在实际项目中，学生需要具备良好的团队协作和跨学科交流能力。教学内容要注重培养学生在团队中的沟通、协商、解决冲突等技能，使其能够更好地适应复杂多变的工作环境。

四、实用英语

（一）日常英语应用

1.购物英语

在实用英语阶段，购物英语是学生必备的基本技能之一。教学内容应包括购物场景中常用的表达方式，如询问价格、尺寸、颜色，以及与售货员进行简单对话。通过角色扮演和实际购物情境的模拟，学生能够更加熟练地运用英语进行购物交流。

2. 用餐英语

用餐英语是学生在社交场合中常用的实用英语之一。教学内容要包括预订餐厅、点菜、支付账单等各个环节的英语表达。通过模拟餐厅场景和餐桌礼仪，培养学生在用餐时用英语自如地进行交流。

3. 旅行英语

旅行英语涵盖了在旅途中可能遇到的各种情境，包括机场、酒店、交通工具等。教学内容应包括购买机票、办理登机手续、询问路线等方面的英语表达。通过模拟旅行情境，学生能够提高在国际旅行中应对各种情况的能力。

4. 社交场合的英语用语

社交场合的英语用语包括与朋友、同事、陌生人进行交流的表达方式。教学内容应囊括参加聚会、社交活动时的问候、介绍自己、与他人建立联系等技巧。通过实际社交场景的模拟，学生能够更加自信地在各种社交场合中使用英语。

（二）求职与职场沟通

1. 个人简历与求职信

在实用英语阶段，学生需要学会撰写个人简历和求职信。教学内容应包括简历的格式、内容要点，以及求职信的写作技巧。通过分析成功的求职案例和实际求职情境的模拟，学生能够提高自己在求职过程中的竞争力。

2. 面试技巧与自我介绍

面试是求职过程中的重要环节，学生需要掌握面试技巧和自我介绍的艺术。教学内容要包括面试中可能被问到的问题、如何有效回答以及如何进行自我介绍。通过模拟面试和同学间互相评价，学生能够提高自己在面试中的表现水平。

3. 职场沟通与团队协作

在职场中，良好的沟通和团队协作能力是成功的关键。教学内容应包括在职场中与同事、上级进行高效沟通的技巧，以及在团队协作中的角色定位和协同合作。通过模拟职场场景和团队项目，学生能够更好地适应职场环境。

（三）商务写作与谈判技巧

1. 商务电子邮件写作

商务电子邮件是商务场合中常见的书面沟通方式，学生需要学习如何正确、得体地写商务邮件。教学内容应包括电子邮件的格式、用语规范，以及不同场合的邮件写作技巧。通过模拟商务邮件的起草和回复，学生能够提高在商务电子邮件沟通中的水平。

2. 报告与演讲技巧

在商务场合中，撰写报告和进行演讲是常见的沟通方式。学生需要学会用英语清晰、有说服力地表达自己的观点。教学内容应包括报告和演讲的结构、语言运用等方面的技巧。通过实际报告和演讲的实践，学生能够提高在商务场合中的表达能力。

3. 商务谈判与沟通技巧

商务谈判是商业交往中的重要环节，学生需要学会在谈判中灵活运用英语。教学内容应包括商务谈判的基本流程、常用的谈判技巧，以及如何应对各种谈判情境。通过模拟商务谈判的场景，学生能够提高在商务谈判中的沟通能力和协商能力。

（四）电报电传信函的基本写作常识

1. 电报电传格式与用语规范

电报电传信函在一些正式场合中仍然是一种重要的书面沟通方式。学生需要了解电报电传的格式、用语规范，以便在职场中进行正式的书面沟通。教学内容应包括电报电传的常用语、格式要求等，通过实际案例的分析和写作练习，学生能够提高在电报电传沟通中的书写水平。

2. 正式书信写作

在商务环境中，正式书信的撰写是一项重要的能力。学生需要学会在正式书信中清晰地表达得体的内容。教学内容应包括正式书信的格式、用语规范，以及不同场合下的书写技巧。通过实际的写作练习，学生能够提高在正式书信沟通中的表达能力。

3. 实际案例分析与写作实践

为了培养学生在实际工作中运用电报电传信函写作的能力，教学内容应包括实际案例的分析和写作实践。通过分析真实的电报电传案例，学生能够了解不同情境下的书写要求和应对策略。同时，通过模拟实际工作场景，让学生进行电报电传的写作实践，从而提高其实际应用能力。

五、其他

（一）英语文学作品欣赏

1. 经典小说的欣赏

在英语文学作品的欣赏中，经典小说是不可忽视的一部分。教学内容可以包括莎士比亚的戏剧、奥斯卡·王尔德的小说、简·奥斯汀的作品等。通过深入分析小说中的语言运用、文学技巧和主题，学生能够提高对英语文学的理解和鉴赏水平。

2. 诗歌的鉴赏

诗歌作为英语文学中独特而精致的艺术形式，为学生提供了一扇窥探文学深邃之美的窗口。在诗歌的鉴赏过程中，学生可以通过欣赏不同时期、风格迥异的英语诗歌，深化对文学的理解，并培养对诗歌的敏感性和欣赏能力。其中，莎士比亚的十四行诗（Sonnet）、约翰·济慈的诗歌以及艾米莉·狄金森的作品都是诗歌艺术中的杰出代表。

莎士比亚的 Sonnet 是英语文学中最著名的十四行诗之一，它以精致的语言表达了爱情、时间、自然等主题。通过深入解读十四行诗，学生能够感受到莎士比亚对于爱情的深刻洞察和对人生的独特诠释。同时，莎士比亚的修辞手法和音韵的运用也为学生提供了欣赏诗歌的重要视角。

约翰·济慈（John Keats）是英国浪漫主义诗歌的代表人物，他的诗作以深情、富有意象和对自然的热爱而闻名。通过欣赏济慈的诗歌，学生将被引导进入一个充满浪漫主义情感的艺术领域，体验到对美和生命的深刻思考。济慈的作品常常通过细腻的描写和感性的语言，使学生沉浸在情感的海洋中，感悟诗歌之美。

艾米莉·狄金森（Emily Dickinson）则是 19 世纪美国诗歌的杰出代表之一。她的诗作以简洁而深刻的语言、独特的结构和对生死、自然的思考而著称。通过研读狄金森的作品，学生将进入一个充满内省和神秘感的诗意世界，领悟到她对存在、灵魂和宇宙的独到见解。

在诗歌的欣赏中，学生除了深入解读意象、节奏和修辞手法，还将培养对语言的敏感性、对文学内涵的深刻理解，以及对情感和思想的细腻感知。这样的学术价值不仅仅停留在对单一文学作品的解读，更在于通过多元化的诗歌欣赏，拓宽学生的文学视野，让他们在诗意的海洋中品味和领悟生命的深层次意义。

3. 戏剧的分析与理解

戏剧在英语文学中扮演着独特而引人入胜的角色，通过对戏剧作品的深入分析，学生可以更全面地理解人物性格、情节发展以及文学结构。在教学内容的设计中，莎士比亚的经典戏剧如《哈姆雷特》以及奥斯卡·王尔德的喜剧作品等都是富有挑战性和深度的案例。

莎士比亚的《哈姆雷特》是戏剧史上最杰出的作品之一，其深刻的人物描写和情节发展使其成为文学经典。通过深入分析《哈姆雷特》中的主要人物，如哈姆雷特、奥菲莉亚等，学生能够理解人物的内在矛盾和复杂性，同时探讨莎士比亚对于权谋、道德和人性的深刻反思。戏剧中的悲剧结构和文学手法也将成为学生研究戏剧形式的重要素材。

奥斯卡·王尔德的戏剧作品则以其独特的幽默和对社会上的虚伪风气的嘲讽而备受推崇。《无足轻重的女人》和《斯堪的纳维亚王国的风度翩翩的绅士》等作品通过喜剧手法反映了当时社会的伦理观念和价值体系。学生可以通过分析这些戏剧作品，深入了解王尔德对社会风气的独到见解，以及他在戏剧中运用的讽刺和幽默手法。

在戏剧教学中，通过戏剧的朗诵、舞台表演等形式，学生将更直观地感受到戏剧的艺术表现形式。戏剧不仅仅是文字的呈现，更是通过演员的表演、舞台的设计等多重元素共同构建的艺术品。通过实际参与和感性体验，学生可以更好地理解戏剧中情感的表达、人物关系的建构，以及舞台语言的独特之处。

因此，通过对戏剧作品的深入分析与理解，学生将能够拓宽对文学和艺术的视野，培养对戏剧形式的批判性思维，提高文学鉴赏水平。这样的学术价值不仅在于对单一作品的解读，更在于通过戏剧的多元性和多模态性，引导学生在不同艺术领域中建立更为综合的认知体系。

（二）礼仪英语

1. 商务社交礼仪

商务社交礼仪在职场中扮演着至关重要的角色，直接关系到个体职业形象的塑造和职场人际关系的发展。教学内容的设计应涵盖商务场合中的多个方面，包括问候礼仪、名片交换、用餐礼仪等，通过角色扮演和模拟商务社交场景，学生能够系统学习并熟练运用商务社交礼仪，以提升其在职场中的专业素养。

在商务社交礼仪的教学中，问候礼仪是学生初步接触职场的重要环节。学生需要学会在不同场合使用得体的问候语言，包括正式场合的问候和非正式场合的寒暄。通过角色扮演，学生可以模拟不同职场情境，培养应对各种人际交往场合的能力，提高在商务社交中的沟通效果。

名片交换作为商务社交的一种常见形式，也是需要专业技巧的一环。教学内容可以涵盖如何递交名片、接收名片的正确姿势，以及在交换名片时的适当交流技巧。通过实际演练，学生能够培养自信、得体的名片交换方式，展示出专业的形象。

用餐礼仪是商务社交中另一个需要重点关注的方面。学生需要了解正式商务宴会和轻松商务午餐等不同场合的用餐礼仪，包括如何正确使用餐具、应对复杂的餐桌摆设等。通过模拟用餐场景，学生能够在轻松的氛围中学会应对各种商务社交用餐场合。

商务社交礼仪的教学内容旨在通过实际操作和体验式学习，使学生在真实商务场景中能够自如地运用相关礼仪规范，建立良好的职业形象，提高在职场中的人际交往能力。这样的学术价值不仅仅在于传授礼仪知识，更在于培养学生在职场社交中的敏感性和适应性，使其更好地融入职业生活。

2. 正式活动礼仪

正式活动礼仪在职场和社交场合中扮演着至关重要的角色，对于建立个人形象和维系人际关系具有重要的意义。教学内容的设计应包括正式场合的着装规范、座位礼仪、致辞礼仪等多个方面，通过模拟正式场合的情境，学生能够全面学习和灵活运用正式活动礼仪，提高其在不同正式场合的仪态和表现。

首先，在正式场合的着装规范方面，学生需要了解不同场合的穿着要求。这包括正式庆典、颁奖典礼等场合的着装选择，如正式西装、礼服等。通过对各类正式场合的着装规范进行深入解析，学生能够明确不同场合的穿着搭配原则，树立专业形象。

其次，座位礼仪在正式场合同样至关重要。学生需要了解在正式场合的座位选择、起立礼仪、入席礼仪等规范。通过模拟正式活动的座位分布和场景，学生可以在实际情境中学会正确的座位礼仪，使其在正式场合展现出得体和谐的形象。

最后，致辞礼仪是正式场合不可或缺的一环，尤其在颁奖典礼等重要场合。学生需要学习如何进行正式致辞、领奖时的谢词表达等技巧。通过模拟演练，学生能够提高在公众场合表达自己的信心和能力，培养良好的演讲风格。

3. 跨文化交往礼仪

在当今国际化的环境中，跨文化交往礼仪成为学生必备的重要素养。教学内容的设计应囊括不同文化之间的沟通差异、尊重他人习惯的重要性等多个方面，通过案例分析和模拟跨文化场景，学生能够全面学习和灵活运用跨文化交往礼仪，提高其在国际交往中的文化适应能力。

首先，跨文化交往中的沟通差异是学生需要深入理解的一个方面。不同文化对于语言表达、非语言沟通、沟通节奏等存在着明显的差异，这可能影响到信息的传递和理解。通过案例分析，学生可以深入了解不同文化背景下的沟通规范，增强他们的跨文化沟通敏感性，提高在跨文化环境中的沟通效果。

其次，尊重他人习惯的重要性在跨文化交往中显得尤为关键。教学内容应涵盖不同文化中的礼貌、社交规范、饮食文化等方面，学生需要了解并尊重他人的文化差异，避免因文化误解而引发尴尬或冲突。通过模拟跨文化场景，学生可以培养对多元文化的包容心态，提高他们在跨文化环境中的应变和处理能力。

（三）学术研究方法与论文写作

1. 学术研究方法

学术研究方法的学习是高职英语课程中培养学生深入专业领域的关键一环。在教学内容的设计中，我们应该全面涵盖文献检索、实证研究、质性研究等常用研究方法，通过案例分析和实际研究项目的设计，使学生能够全面掌握科学的研究方法，为未来的职业发展和学术研究打下坚实的基础。

首先，文献检索是学术研究的重要环节之一。学生需要了解如何使用图书馆、数据库等资源，掌握有效的检索策略，提高对相关文献的获取和筛选能力。通过案例分析，学生能够学会运用不同的检索工具，了解文献的来源和权威性，培养系统阅读和文献综述的能力。

其次，实证研究方法是学术研究中常用的定量研究手段。教学内容应包括实验设计、问卷调查、统计分析等方面的知识。通过实际研究项目的设计，学生能够亲身体验研究过程，了解数据采集和处理的具体步骤，提高他们在定量研究中的工作能力。

最后，质性研究方法同样是学术研究的重要组成部分。学生需要了解访谈、焦点小组、内容分析等质性研究方法的应用。通过对实际案例的分析，学生能够理解质性研究的灵活性和深度，培养他们在解决复杂问题时的思考能力。

2. 学术论文写作

学术论文写作在高职英语课程中具有重要的地位，它不仅是学生综合运用语言和专业知识的过程，更是培养学生批判性思维和表达能力的有效途径。在教学内容的设计中，我们应该全面涵盖论文结构、引用规范、写作风格等方面的知识，通过逐步引导学生进行学术论文的写作，包括选题、提纲、论证等环节，使学生能够全面提高学术论文写作的水平。

首先，学术论文的结构是写作过程中不可忽视的部分。学生需要了解论文的标准结构，包括引言、文献综述、研究方法、结果讨论和结论等。通过对各个部分的详细讲解和实际案例的分析，学生能够理解每个部分的功能和写作要求，培养他们合理组织论文结构的能力。

其次，引用规范是学术论文中必须遵循的重要规则。学生需要了解不同引用风格的要求，如 APA、MLA、Chicago 等。通过实际的引用案例和规范的讲解，学生能够掌握正确引用的技巧，避免学术不端行为，提高学术写作的规范性。

写作风格则直接影响论文的表达效果。教学内容应包括如何选择合适的语言、措辞和句式，使论文更具学术性和流畅性。通过对范例的分析和学术写作技巧的讲解，学生能够提高论文的表达水平，使文章更具有说服力和专业性。

系统的学术论文写作教学，不仅能够培养学生在语言表达方面的能力，更能够激发他们对专业领域的深入思考。这样的学术价值不仅在于提升学生的写作水平，更在于培养学生的批判性思维、独立研究的能力，使其在未来的学术研究和职业发展中具备更强大的竞争力。

第三节 项目化、任务型教学模型的实践

一、项目设计与实施

（一）对项目化教学的基本认识

项目化教学是一种在高职院校英语教学中广泛实施的教学方法，通过学生围绕不同的学习项目展开学习，旨在达到专业化学习的目标。在项目化教学中，学生通过参与具体项目，逐步积累、吸收和消化知识，形成自己的知识框架体系和逻辑思维结构。项目化教学的实施需要结合教育理念，充分利用教学资源，为学生提供有序的学习体验。

1. 项目化教学的基本任务

项目化教学的成功实施首先需要明确项目的基本任务。明确项目的教学任务是学生深入学习的指引，为项目的有效推进提供了方向。通过明确的任务，学生之间的交流将变得更为深入和透彻。在项目的初期阶段，教师应确保学生对项目任务有清晰的理解，为后续的学习奠定基础。

2. 项目化教学的学生计划

在明确了项目任务之后，学生需要制订相应的学习计划。这个计划应该是具有针对性的，与项目的要求相匹配。学生计划的审查可以由教师负责，确保计划的科学性和可行性。通过学生的计划，教师可以更好地了解学生的学习动向，为个性化指导提供依据。

3. 项目化教学的任务分解

为了确保项目的有序推进，需要对项目任务进行分解。每个参与项目的学生都应该获得具体而明确的任务，这有助于确保每个学生都有充实的学习内容，同时为项目的整体进展提供支持。任务分解要合理，应充分考虑到每个学生的学科

特点和学习水平，确保任务能够在规定时间内完成。

4. 项目化教学的评价方法

在项目化教学中，科学公正的评价方法至关重要。自我评价是其中的重要环节，能够使学生及时发现问题并提出解决方案。同时，教师的评价应该具有客观性，避免主观因素的干扰。评价方法应该充分考虑到项目任务的多样性，采用多角度、多层次的评价方式，以全面了解学生的学习表现。

在项目化教学的评价中，可以引入同行评价和小组评价，通过学生之间的相互反馈和合作，促进团队精神的培养。此外，教师的及时反馈也是项目化教学中的关键环节，能够指导学生及时调整学习方向，提高学习效果。

（二）高职英语实施项目化教学的原则

高职英语教学要想取得成果，就必须遵循如下原则。

1. 可实践性原则

在高职英语项目化教学中，可实践性原则是一个基本而重要的原则。项目设计必须考虑学生的实际水平，确保难度适中、内容合理。合理的项目设计能够调动学生的学习积极性，激发学生的求知欲望，使其在项目中能够充分发挥自己的探索精神。教师在设计项目时需要综合考虑学科特点、学生背景和学习需求，以确保项目既不过于盲目，又不过于简单，保持项目化教学的探讨意义。

2. 启发性原则

项目化教学强调学生的双向讨论和交流，因此，启发性原则是项目设计中不可忽视的一环。教师在设计项目时应注重问题的科学性和启发性，通过合理设置启发性问题，激发学生思考的欲望，使其在开放和创新的环境中展开英语学习。启发性问题的设置是科学合理教学的前提，有助于学生积极思考并从中获益。

3. 目的性原则

明确的教学目标是高职英语项目化教学的指导原则。教师在设计项目时需要确立明确的教学目标，这将成为指引整个教学过程的关键。教师设置的教学目标应从多方面反映教学要求，旨在使学生在知识和技能上取得双重提升。明确的教学目标能够帮助教师确定阶段性教学任务，确保项目设计达到应有的效果。

4. 整合性原则

项目化学习以项目为核心，其核心思想是通过项目融合多个知识点，达到整合学习的目的。学生在进行项目学习时，既要动手实践，又要进行深入思考，使得学习方式和学习内容能够有效地整合在一起。整合性原则要求项目设计不仅要注重学科内部知识的整合，还要考虑跨学科的整合，以促使学生形成更为全面的认知结构。

（三）高职英语项目化教学模式教学策略

1.创设情境，引导学生进行角色扮演

在项目化教学中，教师的首要任务是创设逼真的情境，以引导学生进行角色扮演。通过问题情境的设定，教师可以让学生在实际场景中运用英语进行交流和表达。例如，引入电影片段、旅游景点、餐厅服务场景等，让学生扮演相关角色，从而提升他们在实际情境中运用英语的能力。在旅游项目中，学生可以思考如何制定行程、预订房间、提供餐饮服务等，通过角色扮演锻炼实际操作和团队协作能力。

2.充分开展图片和实物展示

对于需要学生扎实掌握的知识点，教师可以采用图片和实物展示的方式进行教学。通过 PPT、影像展示、制作海报等形式，直观地呈现相关知识，帮助学生更好地理解和记忆。这种教学策略有助于激发学生的视觉感知，提升他们对英语知识的理解能力。

3.引导学生相互交流、讨论、辩论

在项目化教学中，学生之间的交流、讨论和辩论是不可或缺的环节。教师应引导学生积极参与团队讨论，分享观点，展开辩论，从而促进他们在语言运用和思维能力方面的全面发展。通过组织小组分配、角色划分和学习任务整理，教师可以有效地激发学生的学习兴趣和合作精神。

二、任务型教学在英语技能培养中的运用

相对本科高校来说，高职学校的英语教学更偏重技术教学，并且，该类院校的学生大多对英语学习的兴趣偏低。英语是国际通用语言，英语的学习对学生今后的发展有着重要作用，因此，高职学校应当重视英语教学，运用任务型语言教学法，提高学生对英语学习的兴趣，有效提升学生的英语水平。

（一）任务型语言教学法概述

任务型语言教学法是一种以任务为中心的语言教学方法，其核心理念在于通过完成实际任务来促进语言学习和能力提升。该教学法将日常生活中使用语言进行各种活动引入课堂，以任务为载体，将语言学习与实际生活相结合。任务型语言教学法以应用为重点，旨在培养学生独立思考、合作学习的能力，使其在合作与交流中提升语言能力。

在任务型语言教学法的实践中，教师需要设计合适的教学环境和方式。学生

通过讨论实现深度学习，教师应该设定问题情境，让学生在讨论中深化对课堂内容的理解。在学生讨论时，教师的角色是引导者，应尽可能将课堂主动权还给学生。学生在任务完成过程中需要与同伴合作，运用所学的语言进行交流，这种语言实践有助于激发学生的兴趣和培养其学习能力。

教师在任务型语言教学中要突出英语的实际应用，引导学生理解英语与汉语之间的表达差异。通过对英语的灵活运用，学生能够领悟英语学习的重要性，并掌握英语的听、说、读、写四大基本能力。此外，根据学生的具体情况，教师应设计阶段性的学习任务，由浅入深地推动学生的英语学习，有效提升学生的英语基础。

任务型语言教学模式对高职英语课堂管理提出了较高的要求。高职教师需要注重课堂管理，确保学生集中注意力，充分利用课堂时间提高学习效率。教师应关注学生个体差异，将教育重点放在学生身上，以学生为主体进行活动。在任务型教学中，以活动为主导，教师需关注整体活动进度，实时了解学生学习情况。

在实践中，任务型语言教学法常采用情境模式、游戏竞赛、对话等方式进行教学。情境模式通过设定情境让学生进行角色扮演，促使学生在实际场景中应用英语；游戏竞赛则将英语学习融入游戏或竞赛中，激发学生的学习兴趣；对话是任务型教学中不可或缺的环节，通过学生之间的英语交流，锻炼学生的口语能力。

任务型语言教学法的实践旨在培养学生实际运用语言的能力，促进合作学习和思维发展。通过设计精巧的任务，教师能够在高职英语教学中取得更好的教学效果。

（二）任务型语言教学法的优势

1. 明确的教学目标

在任务型语言教学法中，教学前的首要任务是明确教学目标。这包括每节课的短期目标、每一阶段的目标以及整个学期的目标。短期目标需要明确学生在每节课上应该掌握的词汇、语法、句子等内容。通过逐步实现短期目标，学生能够完成阶段性和学期性的目标。

2. 学习计划的强调

传统教学方式可能缺乏明确的学习计划，而任务型语言教学法通过对学习计划和任务的设计，引导学生积极完成学习任务。该教学法强调以学生为本，教师以辅助教学为主。教师在课前收集学生感兴趣的话题，并设计相应的学习任务。在课上，教师鼓励学生主动完成学习任务，通过角色扮演、小组合作等方式提高学生的学习参与度，使其在活动中获得展示语言的机会。

3. 提升教学效率

任务型语言教学法通过设定明确的目标、强调学生的主动参与，有效提升了教学效率。教师可以根据学生的反馈及时制定或修改学习任务，灵活地调整教学内容和方法。相对于传统教学，任务型语言教学法在提高学生动机和学习兴趣方面具有较大的优势。

4. 创造英语交流环境

语言是用来交流的。在任务型语言教学中，教师通过设置小组任务，让学生以小组合作的形式进行英语交流。学生在相互配合、共同交流的过程中能更直观地感受到英语学习的氛围。为了快速完成小组任务，学生会被激发对英语学习的热情，有助于融入课堂，培养学生的团队精神、合作意识，同时锻炼学生的语言表达能力和解决交际问题的能力。

（三）高职英语任务型语言教学法的应用

1. 明确教学任务

为了提高课堂学习效率，英语教师在教学前应提前规划好明确的教学任务。以某英语教材中的某单元为例，该单元包括听力、阅读、语法、口语和写作五个板块。在设计教学任务时，教师需要聚焦这五个方面，并根据该单元的具体内容和教学目标有针对性地设计任务。

在口语学习环节，教师可以以该单元的主题为基础，设计新的口语表达任务，鼓励学生运用所学内容展开对话或演讲。这有助于提高学生口语表达的能力。同时，在听力和阅读方面，教师可以将两者结合，设计听读任务。例如，让学生听阅读材料的录音，然后复述听到的内容，从而锻炼学生的听力和口语能力。

在写作和阅读环节的设计上，教师可以将写作任务与阅读任务相结合，例如，让学生阅读课文后，写出自己的感受或对所学内容的理解，从而培养学生的写作和阅读能力。这样的任务划分能够使学生实现对英语技能的全方位学习。

明确了教学任务后，英语教师能够更有效地进行课堂管理，充分利用有限的教学时间，提高学生的学习效率。通过任务的划分和设计，学生将在多项语言技能上得到训练，从而更全面地提升他们的英语水平。这种任务型的教学方法不仅有助于学生的综合能力发展，同时也使得课堂更具有针对性和实效性。

2. 丰富语言材料

语言材料在英语学习中发挥着至关重要的作用，其丰富性和真实性对学生的词汇积累和句型运用具有显著的促进作用。在英语课堂中，教师有责任根据每个单元的主题内容，收集更加丰富和真实的语言材料，以激发学生的学习兴趣，使他们更好地感受到英语表达的魅力。

以"Delicious Food"为例，尽管教材中介绍了一些关于美食的常用表达方式，但语言材料相对较少。实际上，学生在日常生活中涉及丰富的美食话题，然而由于他们的词汇储备有限，可能无法用英语充分表达。因此，英语教师应站在学生的学习角度，积极地从多方面收集各类语言材料，以拓展学生的英语表达能力。

教师可以借助各种媒体、网络资源、实地调查等方式，为学生提供更多真实而生动的语言材料。通过引入具体的场景、真实的对话以及实际的语言运用情境，学生将更容易理解并掌握与美食相关的英语表达。此外，可以鼓励学生主动参与，分享他们对美食的看法、体验和评价，从而促使学生运用英语进行更富创造性的表达。

在丰富语言材料的过程中，教师还应关注学生的学科背景和兴趣爱好，选择与之相关的语言素材，使学习更具个性化和针对性。通过多样的语言材料，学生能够更全面地了解美食文化，同时提高他们的跨文化交际能力。

3. 优化情境设计

在任务型语言教学法的实践中，优化情境设计是提高学生学有所用的重要一环。通过巧妙设计情境，教师能够为学生创造出良好的英语学习环境，促使他们在纯英语的交流中敢于表达，更准确地表达自己的想法。

以"Fashion Trend"为主题，通过设计情境，例如"Watch Fashion Show"，教师能够引导学生观看时尚走秀，然后组织小组对时尚潮流进行分析和讨论。在这个情境中，学生被要求用英语表达自己对潮流的看法、喜好的风格等。通过与时尚相关的话题，学生更容易产生浓厚的兴趣，激发他们参与讨论的积极性。

在情境设计中，教师可以根据学生的兴趣、爱好和实际生活经验来选择合适的情境，使学生更容易投入学习中。例如，通过设置购物、旅行、职场沟通等日常生活场景，让学生在模拟情境中进行英语交流。这种情境设计不仅增加了学生学习的趣味性，还使他们能够将学到的语言知识更好地运用到实际生活中。

在情境设计中，教师还可以通过角色扮演等方式增加互动性，让学生更好地融入情境，提高他们的语言表达能力。例如，设置模拟商务谈判、餐厅点餐等场景，让学生在模拟情境中进行实际语言运用，培养他们的实际交际能力。

通过优化情境设计，教师能够创造出更加生动、有趣的学习情境，提高学生的学习积极性和参与度。这种教学方式不仅有助于学生更好地理解和掌握语言知识，还能够培养他们在实际情境中流利运用英语的能力。

4. 开展多层次教学

在任务型语言教学法的实践中，充分了解学生的学习差异，通过多层次的教学分层，可以更好地满足每位学生的学习需求，提高整体学习效果。针对英语课程中学生英语基础和学习能力的不同，教师可以采取多层次教学策略，以更有针对性地设计和组织任务，促进学生全面发展。

教师可以根据学生的兴趣、学习能力等方面将学生分为上、中、下三个层次。这可以通过学生的平时表现、课堂参与度，以及小组协作等多个维度进行评估。建立学生的个人信息档案，包括词汇量、语法掌握程度、学习兴趣等，有助于精准定位学生的层次。

在"Travel Around"这一课程中，教师可以根据学生的层次差异进行分组，并为不同层次的小组设置相应难度的任务。对于学习能力较强的小组，可以设置较深层次的任务，如讲解世界名胜古迹的历史故事；对于基础一般的小组，可以设计一些基础性但趣味性强的任务，如分享自己最想去的旅游地点；对于学习基础较差的小组，可以通过实验性的小任务，如简单的景点介绍，为其建立学习信心。

分层教学不仅有助于满足学生的学习需求，还能够提高学生的学习兴趣和参与度。教师在课堂中要及时关注学生任务的进展情况，提供有针对性的帮助，鼓励学生在小组中充分发挥个人优势，实现协同合作。

在教学过程中，教师需要进行综合评估，不仅仅根据学生成绩，还要考查学生的学习基础、日常表现和学习态度等多方面因素。鼓励式评价是关键，通过正面的反馈激励学生，引导他们制定学习目标，认识自己的不足之处，并在老师的引导下逐步改进。例如，及时给予学生积极的反馈，对学习较强的小组进行肯定，对其他小组提供鼓励和指导。

在实践中，多层次教学旨在提高整体教学效果，让每个学生都能在合适难度的任务中发挥潜力，形成良好的学习氛围。

5. 设置生活类话题

在任务型教学模式中，设置与学生生活相关的话题是促使学生更好地参与课堂学习的重要策略。教师在设计学习任务时应注重将教学内容与学生日常生活紧密联系，从而引起学生的浓厚兴趣，激发他们的学习热情。以某教材中的"Traditional Festival"为例，教师可以通过让学生分享个人喜欢的节日及原因来拉近学生与教学内容的距离。

首先，教师可以通过小组讨论的方式，让学生分享并比较各自喜欢的节日，提问为什么选择这个节日，并鼓励他们用英语表达自己的看法。这样的开端能够迅速吸引学生的兴趣，因为他们是以自己亲身经历的主题开始讨论。

其次，教师可以引导学生将焦点逐渐扩展到中西方两个不同文化的传统节日上。例如，通过对比我国的春节和西方的圣诞节，学生可以发现这两个节日在庆祝方式、文化内涵等方面存在着相似和不同之处。教师可以提供一些相关的背景知识，激发学生对中西方文化差异的好奇心，从而引导他们更深层次的思考。

在讨论过程中，教师要鼓励学生积极发言，让他们有机会用英语表达自己的观点。通过这样的任务设计，学生不仅能够学到关于传统节日的相关知识，还能提高英语口语表达的能力。同时，由于学生对所讨论的主题较为熟悉，课堂氛围也更加轻松活跃。

最后，在讨论结束后，教师可以对学生的表现进行肯定性评价，鼓励他们对课堂中的生活类话题持续关注和讨论。通过这种方式，学生更容易将学到的英语知识与实际生活联系起来，提高他们的学习主动性和参与度。

6. 优化语言学习反馈

在高职英语教学中，采用任务型语言教学法有助于激发学生的学习兴趣，提高英语的实用性。以"Job Hunting"为例，这节课旨在教授学生有关就业情况、简历写作和求职技巧的内容。在这一过程中，教师需要关注学生的学习反馈，以优化语言学习反馈，并提高学生的英语实际运用能力。

首先，教师在课堂中应采用多样化的教学方法，如角色扮演、模拟面试等，以帮助学生更好地应对实际的就业情境。通过这些实际操作，学生能够将学到的语言知识应用到实际场景中，提高语言的实用性。同时，教师要注重对学生表现的及时反馈，指导他们在交流和表达中的不足之处，为他们提供有针对性的语言技能培养。

其次，课后作业设计也是提高学生语言学习效果的重要一环。教师可以要求学生撰写英文简历，进行小组讨论，分享各自的求职经验等。通过这些任务，学生能够进一步巩固所学知识，提升实际应用能力。教师在批改作业时要给予具体而针对性的建议，引导学生在下一次的表达中做出改进。

最后，教师还可以组织学生参加模拟招聘活动，让他们在真实的面试情境中运用英语。通过这种互动式的学习方式，学生能够更好地理解和掌握与求职相关的英语表达方式，提高他们在职场中的竞争力。

在整个学习过程中，教师需要不断地调整教学策略，根据学生的反馈情况进行个性化指导。通过了解学生的学习需求，教师可以有针对性地制订英语提升计划，帮助学生在求职、就业等实际问题中更好地运用英语。这种精准的学习反馈有助于学生更全面地提升语言交际能力。

第四章　高职学生的特点与差异化教学

第一节　学生群体特点与需求

一、高职学生的特殊性与多样性

（一）高职学生背景的多元性

1. 地区背景的多样性

高职学生的地区背景呈现出多样性，涵盖了经济水平、方言、文化等多个方面的差异，这为英语教学带来了较大的挑战。学生来自不同地区，其所处的社会环境、文化传统各异，这就要求教师在教学过程中要更为细致入微地了解学生的地域特色，以更好地满足其语言学习需求。

首先，经济水平的不同可能导致学生英语学习的起点和需求存在较大的差异。一方面，来自经济发达地区的学生可能接触到更多国际化的信息和英语语言环境，有一定英语基础；而另一方面，来自欠发达地区的学生可能面临较为有限的英语学习资源。因此，教师需要通过差异化的教学方式，帮助每位学生在英语学习中找到适合自己的路径，缩小因地区经济差异而带来的学习差距。

其次，方言、文化的多元性也是一个显著的特点。不同地区的学生可能使用不同的方言，拥有各自的地方文化传统。在英语教学中，了解学生方言的影响，善于引导学生在标准英语发音和表达方面建立正确的语言观念，是十分重要的。同时，通过融入地方文化元素，使学生在学习英语的过程中更容易产生共鸣，提高学习的兴趣和积极性。

此外，地区背景的多样性还表现在学生的生活习惯、社会交往方式等方面。这就要求教师在教学中充分考虑学生的生活体验，通过生活化、实用化的教学设计，使学生更容易将学到的英语知识运用到实际生活中。例如，通过与学生熟悉的地方实际情境相结合，设计任务型教学活动，让学生在实际语境中运用英语进行交流，提升语言运用的自信心和能力。

2. 家庭文化背景的差异

学生的家庭文化背景呈现出多元性，主要体现在家庭的价值观念和教育方式上。这种多元性对于高职英语教学提出了更为细致入微的要求，因为学生在家庭文化方面的不同可能影响其语言学习的态度和方式。因此，在制订教学计划时，教师需要充分考虑学生的家庭文化背景，以促进学生在语言学习中的融合和发展。

首先，不同家庭可能有不同的价值观念，这直接影响到学生对英语学习的态度和动机。一些家庭可能更加注重传统文化和价值观，对于英语学习的重要性有着更为深刻的认识；而在一些家庭中，可能更注重实用性和职业发展，对英语学习的期望也可能更倾向于提升实际应用能力。因此，教师在制订教学计划时，需要了解学生的家庭价值观，从而更好地引导学生建立正确的英语学习观念，使其能够更好地理解和接受语言学习的重要性。

其次，不同的家庭教育方式也会影响学生的学习习惯和学科认知。一些家庭可能更注重学生的自主性和创造力，鼓励他们通过实践和体验来学习；而在一些家庭中，可能更强调纪律和规范，对于学生的学习进行更为明确的指导。在高职英语教学中，了解学生在家庭中养成的学习方式，有助于教师根据学生的个体差异，制定更为贴近实际情况的差异化教学策略。例如，对于习惯了自主学习的学生，可以设计更富有启发性和开放性的任务型教学活动，激发他们的学习兴趣；而对于更倾向于规范学习的学生，可以设计更结构化和有指导性的教学内容，帮助他们更好地掌握知识。

学生的家庭文化背景差异性是高职英语教学中不可忽视的一环。教师需要通过深入了解学生的家庭文化，合理设计教学内容和方法，使得学生在语言学习中能够更好地融入学科环境，发展个人潜力，实现个性化发展。这样的教学方式有助于增强学生对英语学习的主动性和参与度，提高教学效果。

3. 文化差异对语言习得的影响

高职学生的地域文化背景差异对于语言的理解和习得方式产生显著影响。学生所处的文化环境涵盖了价值观、社会习惯、沟通方式等多个方面，这些因素直接影响他们对英语学科的认知和语言习得的方式。在制定教学策略时，教师应全面考虑不同地域文化背景学生的学科特点，采取差异化的授课方式，以提升教学的针对性和适应性。

首先，地域文化背景的差异可能影响学生对于语言的认知方式。不同地域文化对于语言的使用和理解存在差异，学生在自己的地域文化背景中形成了独特的语言认知模式。例如，在一些地域文化中，更注重语言的正式和礼貌用法，而在另一些地域文化中，可能更注重语言的实用性和直接表达。这种差异直接影响学生对于英语学科的接受程度和理解深度。因此，教师在教学中应该结合学生的地域文化背景，设计符合其习惯和认知方式的教学内容，提高学生对于英语学科的兴趣和参与度。

其次，地域文化背景的差异也体现在学生的社交沟通能力上。不同地域文化背景的学生在沟通中可能有着不同的表达方式、交际风格和语境理解。在英语学科中，这种差异会影响学生在课堂上的表达能力和语言交流的效果。为了更好地适应学生的地域文化差异，教师可以通过设置多元化的教学任务，鼓励学生在合作中互相交流，提高其社交沟通技能，使其更好地融入学科环境。

最后，教师在差异化授课中还应重视跨地域文化交际的培养。通过引入跨地域文化交际的案例和活动，教师可以帮助学生更深入地了解不同地域文化之间的语言使用差异，增进他们对于多元文化的理解和尊重。这种跨文化的学习方式有助于提高学生的语言习得水平，培养其在跨地域文化环境下更为灵活的语言运用能力。

高职学生的地域文化背景差异对于语言的理解和习得方式具有重要影响。教师应通过差异化的授课方式，充分考虑学生的文化特点，提高教学的适应性和针对性，促进学生更好地理解和掌握英语学科。这样的教学模式不仅有助于提升学生的学科成绩，更有利于培养其在多元文化环境中的语言交际能力。

（二）实用性强的专业需求

1. 专业背景的个体差异

高职学生所学专业千差万别，这使得他们在英语学习中的实际需求存在较大的个体差异。学生所选择的专业直接决定了他们未来从事的职业方向和所需的语言应用能力，因此，教师在制订教学计划时，迫切需要了解学生所学专业的特点，以便更好地满足其实际职业需求。

首先，不同专业对于英语的实际运用有着明显的区别。例如，工科类专业可能更侧重于专业术语和技术性语言的应用，而商科类专业则更注重商务英语和跨文化沟通能力的培养。因此，教师在教学中可以根据不同专业的特点调整教学内容，使之更符合学生未来从事职业所需的语言技能。

其次，学生所学专业的特殊性也反映在行业规范和职业标准上。不同专业所对应的职业通常有着特定的语言要求，包括书面表达、口头表达以及专业交流等方面。因此，教师可以通过引入相关行业案例和真实职场场景，帮助学生更好地理解并掌握与其专业相关的英语表达方式，使其在未来工作中更加游刃有余。

再次，个体差异也表现在学生的个人兴趣和专业偏好上。有些学生可能对于专业领域内的英语表达更为感兴趣，而有些学生则更关注与自身兴趣爱好相关的英语学习。在这种情况下，教师可以采取个性化的辅导方式，根据学生的兴趣点设置相关任务，提高其学习的积极性和参与度。

最后，学生所学专业的发展趋势也是影响其英语学习需求的重要因素。一些新兴领域的专业可能需要更具创新意识和国际视野的人才，因此，对英语的要求更高。教师可以通过关注相关专业的最新动态，及时调整教学内容，使学生更好地适应未来职业的发展趋势。

2.职业素养的培养

高职学生更加关注英语在实际职业中的运用，因此，教师在英语教学中不仅要注重语言知识的传授，还要重视培养学生的职业素养。职业素养是指一个人在特定职业领域内所具备的道德品质、专业技能和沟通能力等方面的素养，是综合素质的体现。在高职英语教学中，培养学生的职业素养应该成为教育的重要目标之一。

首先，职业素养的培养需要注重职场交际能力的培养。在实际职业中，良好的职场交际能力是成功的关键之一。教师可以通过模拟职场场景、角色扮演等活动，引导学生学会在不同场合下与同事、上级、客户进行有效沟通。通过这些实践活动，学生可以更好地理解和掌握商务英语的实际运用技巧，提高职场沟通的效果。

其次，专业英语写作是培养职业素养不可或缺的一部分。在职场中，各种书面材料如邮件、报告、提案等都需要用到专业英语写作技能。教师可以通过分析真实职场写作案例，引导学生学习相关写作技巧，培养其在未来工作中能够准确、清晰地表达专业观点的能力。通过不同领域的写作练习，学生可以更好地适应职业生涯中的各种写作需求。

最后，对于不同专业领域的学生，教师还可以有针对性地开展相关的职业素养培训。例如，对于财务专业的学生可以加强财务报告的撰写技能，对于市场营销专业的学生可以强化市场调研报告的写作能力。这样的个性化培训有助于学生更好地将英语学习与未来职业需求相结合。

3.专业英语的实践性

教师在高职英语教学中应当强调专业英语的实践性，通过创设实际案例和模拟职场环境等方式，促使学生将所学知识有机地应用于实际工作场景，从而全面提升其英语语用能力。专业英语的实践性不仅有助于学生更好地理解和掌握专业知识，还能够培养学生在职业领域中的综合素养。

在教学中，教师可以通过引入真实的职业案例，让学生深入了解不同领域的实际问题，使学习内容更具有实际应用性。例如，对于市场营销专业的学生，可以分析当前市场上某一产品的推广策略，让学生运用所学的市场营销英语知识，进行推广方案的撰写和口头表达。这样的实际案例既能激发学生学习的兴趣，又能够培养他们解决实际问题的能力。

此外，通过模拟职场环境，教师可以为学生创造一个仿真的工作场景，让他们在模拟中扮演真实职业角色，进行英语沟通和合作。例如，模拟销售团队的会议，让学生以销售经理、销售代表等角色互相讨论销售策略，运用专业英语进行沟通。这样的模拟活动有助于提高学生的实际交际能力，让他们在类似的职业场景中更加游刃有余。

在实践型教学中，教师还应注重学生的实际操作能力培养。通过实际项目的设计和执行，学生能够将所学知识应用到实际项目中去。例如，对于计算机专业的学生，可以设计一个网站建设的项目，要求学生运用英语进行项目计划、沟通与汇报。这样的实际操作能够提高学生的实际操作技能，使其在未来职业中更具竞争力。

二、职业规划与英语学习的关联

（一）职业规划的早期介入

1. 入学初期的职业规划

高职学生进入校园即需要面对职业规划，早期介入英语学习与职业规划的结合，有助于学生更清晰地认识未来职业发展方向。教师可通过个性化的职业规划指导，引导学生了解各自专业对英语要求的差异，为其制订合理的英语学习计划提供支持。

2. 课程内容与职业需求的结合

教师在课程设计中，应充分考虑各专业的英语应用场景，将实际职业需求融入英语学习中。通过职业案例、行业研究等方式，提前让学生接触到真实的职业环境，促使其更加主动地将英语学习与职业规划相结合。

3. 制定明确的职业发展目标

教师可以通过职业规划课程或特定的辅导活动，帮助学生明确个人的职业发展目标。明确的目标有助于学生更有针对性地进行英语学习，明白所需的语言技能和沟通能力，从而更好地迎接未来的职业挑战。

（二）英语学习与职业技能的融合

1.职场沟通技能的培养

英语学习不仅仅是语法和词汇的学习，更需要培养职场沟通技能。教师可以通过模拟职场场景，进行口语表达、商务信函写作等实际技能培训，提高学生在职场中的语言应用水平。

2.模拟面试的实践活动

通过模拟面试等实践活动，学生能够在真实场景中锻炼英语口语表达能力。教师可以设计与各专业相关的面试题目，让学生更好地准备将来的求职面试，提高其职场竞争力。

3.行业特色课程的设置

为了更好地满足学生未来职业的特殊需求，学校可以设置一些行业特色的英语课程，如医护英语、商务英语等。这些课程旨在培养学生在特定行业背景下的英语应用能力，增强其在职场中的竞争力。

第二节　差异化教学理论与策略

一、学习风格与差异化教学

（一）学习风格的多元性

高职学生具有多元的学习风格，这种多元性涵盖了学生在知觉、处理信息以及获取知识等方面的个体差异。为了更好地满足学生的学习需求，教师在制定教学策略时应考虑学生学习风格的多元性。为了深入了解学生的学习风格，教师可以采用调查问卷等方式了解学生的学习偏好，有助于制订差异化的教学计划。

在高职教育中，学生的学习风格可能涉及对信息的感知、对学科的兴趣、学习的动机等多个方面。一些学生可能更倾向于视觉学习，善于通过图表、图像等方式获取信息；而另一些学生可能更偏好听觉学习，更善于通过听课、听音频等途径学习。因此，教师需要根据学生的学习风格差异，采用不同的教学手段，以提高教学效果。

（二）差异化任务设计

为了更好地满足不同学习风格的学生，教师可以设计多样化的学习任务，以促使每名学生都能更好地参与到课堂活动中。这包括但不限于小组合作、个体研究等任务设计。在小组合作中，教师可以将学生分成不同的小组，每个小组负责不同的任务，通过小组合作，学生可以共同协作完成任务，既培养了团队协作能力，也满足了一些学生对社交互动的需求。

　　同时，教师还可以设计个体研究任务，让学生有机会在独立思考的过程中深入学习。这种任务设计有助于满足那些更擅长独立学习的学生，让他们有更多的自主学习的机会。此外，教师还可以通过探究式学习、实践性任务等方式，更好地激发学生的学习兴趣，使学生在动手实践中更好地理解和掌握知识。

　　通过差异化的任务设计，教师能够更好地满足不同学习风格学生的需求，提高学生的学习参与度和学习效果。因此，教师在差异化教学中应注重任务设计的多样性，以促使每名学生都能够在适应自己学习风格的任务中发挥最佳水平。

二、情感智力与英语学习动机

（一）激发学生学习兴趣

　　了解学生的情感智力，即情感智商，是提高英语学习效果的重要一环。教师在设计教学活动时，可以通过引入有趣的教材、多媒体资源以及与学生建立良好的师生关系等方式，激发学生的学习兴趣，提高其对英语学习的积极性。在高职教育中，学生的学科兴趣和情感状态对学习成就有着直接的影响。因此，教师可以通过多样的教学手段，如音乐、视频、游戏等，创设愉悦的学习氛围，使学生在学习过程中更愿意投入。

　　在激发学生学习兴趣的过程中，教师应该关注学生的个体差异，因为不同学生对于学科的兴趣点是不同的。通过与学生的互动交流，教师能够更好地了解每个学生的喜好，从而有针对性地调整教学内容，使之更贴近学生的兴趣，激发学生更深层次的学习动机。

（二）个性化学习动机培养

　　学生的学习动机是影响其学业成就和学习行为的关键因素之一。在了解学生的学习动机水平的基础上，教师可采用个性化的激励方式，以更好地推动学生更有动力地参与英语学习。不同学生在学习动机上存在差异，一些学生可能天生对学科充满好奇心，而另一些学生可能需要额外的激励才能保持学习动力。

　　个性化的学习动机培养可以包括建立奖励机制、提供个别辅导等方式。通过设立奖励机制，教师可以为学生设立学习目标，当学生完成目标时，给予相应的奖励，以此来激发学生的学习兴趣和动力。同时，对于学习动机较低的学生，教师可以进行个别辅导，了解学生的学习难点和困惑，通过及时的反馈和帮助，帮助学生建立起更强烈的学习信心。

通过以上个性化的激励方式，教师能够更好地调动学生的学习积极性，提高学生对英语学习的自觉性和主动性。个性化的学习动机培养有助于不同学生在英语学习中找到适合自己的学习动力，提高学习效果。

第三节　高职英语教学中的个性化指导

一、学术辅导与职业导向

（一）个性化学术辅导

1. 深入了解个体差异

在个性化学术辅导中，教师首先需要深入了解每位学生的学术水平、学习习惯以及英语学习的难点。通过定期的一对一交流，教师可以收集关于学生学习背景和需求的详细信息。这种深入了解可以包括学生对不同学科的兴趣、学科知识的掌握程度以及在英语学习中可能遇到的具体困难。

2. 制订个性化学习计划

基于对学生的深入了解，教师可以帮助学生制订个性化的学习计划。这个计划应该包括学科知识的系统学习、英语水平的提升和解决学生在学术领域遇到的具体问题。通过制订个性化的学习计划，教师可以更好地满足学生的学术需求，帮助他们更有针对性地提升能力。

3. 专业术语与知识的深度指导

个性化学术辅导应该针对学生所学专业进行深度指导。教师可以帮助学生掌握专业术语，拓展专业知识，使其在专业领域更具竞争力。这可能包括提供额外的专业文献、组织专业讨论或引导学生进行专业实践，以加深他们对所学学科的理解。

4. 专业英语应用指导

在个性化学术辅导中，教师需要引导学生更好地在英语学习中应用专业英语。这包括在写作、口语表达和听力等方面，培养学生在专业领域中有效沟通的能力。通过实际例子和案例分析，学生可以更好地理解专业英语的实际运用，为未来职业发展做好准备。

5. 学术辅导的反馈机制

为了保证个性化学术辅导的效果，教师需要建立有效的反馈机制。定期的学术进展评估和反馈对话可以帮助学生了解自己的优势和不足，并及时调整学习计划。教师还可以通过学术成就奖励和鼓励机制激发学生的学习兴趣，提高他们的学习积极性。

（二）职业导向的课程设置

1. 模拟职场英语场景

为了更好地满足学生的职业需求，课程设置中可以引入模拟职场英语场景。这种设置可以通过设计模拟面试、商务会议等活动，让学生在课堂上体验真实的工作场景。这不仅可以提高学生在职场中使用英语的信心，还可以培养其职场沟通和协作能力。

2. 职业英语写作课程

课程设置应该包括职业英语写作课程，帮助学生掌握在职业场景中常见的英语写作技巧。这可能涉及商务邮件的书写、报告的撰写等。通过实际案例的分析和实践，学生可以提高其在职业环境中的书面表达能力，更好地适应未来的职业要求。

3. 职业导向实践项目

为了进一步将学术知识与职业需求结合起来，课程设置可以包括职业导向的实践项目。这些项目可以是与实际行业相关的任务，例如解决实际问题、参与行业调研等。通过参与这些实践项目，学生可以在真实的职业环境中应用所学知识，提高实际工作中的适应能力。

4. 职业规划与发展指导

课程设置中还应该包括职业规划与发展指导，帮助学生更好地规划自己的职业生涯。这可能包括职业规划讲座、个人发展计划编制等。通过系统的指导，学生可以更清晰地了解自己的职业兴趣和目标，制订可行的职业发展计划。

5. 职业导向的课程评估

为确保职业导向课程的有效性，需要建立科学的课程评价机制。这包括学生在职场英语沟通、职业写作和实践项目中的表现评估。通过定期的评估，教师可以了解课程的实际效果，并及时调整教学策略，以更好地满足学生的职业需求。

二、学生参与个人发展规划

（一）主动学习与学科交叉

1. 鼓励主动学习的英语学习活动

（1）英语角、讲座、研讨会组织

教师应积极组织英语角、讲座和研讨会等各类学习活动，激发学生的学习兴趣。这些活动不仅能够提高学生的英语实际运用能力，还能培养学生的团队协作、沟通表达等综合素养。通过与同学们一起参与这些活动，学生能够体验到英语在实际场景中的应用，增强学习的实践性。

（2）学科交叉的学习实践

为了促使不同学科之间的交叉学习，教师可以引导学生将英语学习与其他学科知识相结合。例如，在专业课程中引入英语阅读材料，或者在英语课堂上涉及相关专业的实际案例。这有助于拓展学生的学科广度，培养他们更为全面的综合素养。

2. 学生主动参与的意义

（1）提高英语运用的实践能力

通过主动参与各类英语学习活动，学生能够更好地提高英语的实际运用能力。这种实践性的提升有助于学生更流利、自信地在职场中运用英语，为未来职业发展打下坚实的基础。

（2）培养团队协作和沟通表达能力

参与团队活动可以培养学生的团队协作和沟通表达能力。这些综合素养在职业环境中尤为重要，能够帮助学生更好地适应未来工作中的团队合作和沟通要求。

（二）个人发展规划指导

1. 深入了解个体特点

（1）面谈方式的个体特点探讨

教师通过个别面谈等方式，深入了解学生的职业目标、兴趣爱好、优势和劣势。这种深入了解可以建立师生之间更为亲近的关系，为学生后续的个人发展规划提供更全面的信息基础。

（2）学生自我评估与目标设定

教师引导学生进行自我评估，帮助他们清晰地认识自己的英语水平、职业目标以及所需提升的技能。在此基础上，学生能够更明确地设定个人发展目标，为制订个性化学习计划奠定基础。

2. 个人发展规划的制定与实施

（1）行业需求分析

通过深入了解学生的职业目标，教师可以分析相关行业对英语的具体要求。这包括行业内通用的英语水平标准、常用的专业术语，以及在该行业中英语应用的典型场景。这为制定个人发展规划提供了实际依据。

（2）个性化学习计划的制订

基于对学生的深入了解和对行业要求的分析，教师与学生一同制订个性化的学习计划。这个计划应该包括选择与目标行业相关的英语课程、参与相关实践活动、提升职业英语写作等方面的具体安排。个性化的学习计划能够更有针对性地满足学生的学术需求和职业发展目标。

3. 职业导向实践与指导

（1）实践活动的推荐

教师可以根据学生的职业规划，推荐参与目标行业相关的实践活动。这可能包括实习、参观、实际项目等，通过实际经验帮助学生更好地了解目标行业，提升实际工作中所需的技能。

（2）职业讲座与导师指导

为了更好地引导学生走向职业发展道路，教师可以安排职业讲座，邀请相关行业的专业人士分享经验和建议。此外，指导学生与导师建立联系，获取更为深入的职业指导，帮助他们更好地理解职业发展的方向和路径。

第五章 高职英语语言技能与综合素养培养

第一节 听说读写能力的培养

一、跨文化交际与听力技能发展

（一）跨文化交际的重要性

1. 全球化时代的背景

在当今全球化不断推进的时代，跨文化交际能力已经成为高职学生必备的重要素质。全球化的浪潮使得各行各业都面临着跨国、跨地域的合作与交流的挑战与机遇。在这一背景下，高职学生作为未来职场的一员，急需具备在不同文化背景下进行有效交际的能力。教育者在培养学生时应当强调多元文化的理解，旨在提高学生对不同文化背景的敏感性，使其能够更好地适应并胜任跨文化交际的复杂任务。

全球化时代，产业界的国际合作已经成为常态。企业在不同国家开展业务，项目组跨越多个时区展开合作，这使得高职毕业生必须具备在不同文化环境中进行沟通和合作的能力。在这一大背景下，跨文化交际能力成为提升学生综合素养的重要方面。教育者需要引导学生深入理解不同文化之间的差异，包括语言、习惯、价值观等方面。通过丰富的跨文化案例和实际活动，学生可以更好地理解并尊重其他文化，避免文化冲突，提高与不同文化背景人群进行合作的信心和能力。

此外，全球化背景下，信息流动的速度和广度也在迅速增加。高职学生在学习和工作中需要获取来自世界各地的信息，理解不同文化对于信息的解读和理解方式。因此，跨文化交际能力不仅仅体现在日常沟通中，更涉及对多元文化信息的敏感度和处理能力。教育者可以通过引导学生关注国际新闻、参与国际性的学术讨论和合作项目等方式，拓宽学生的国际视野，提高他们在信息处理方面的跨文化能力。

在全球化时代，人才的国际竞争越发激烈。高职学生若能具备卓越的跨文化交际能力，将更有竞争力。因此，教育者在课程设计中应注重培养学生的语言能力、文化意识以及对国际事务的理解。通过设立跨文化交际的实践课程、开展国际交流项目等方式，学生可以更好地感知和融入全球化的潮流，为未来的职业发展奠定坚实的基础。研究表明，具备跨文化交际能力的人更容易在国际舞台上脱颖而出，因为他们能够更好地适应多元文化环境，更灵活地解决跨国合作中的问题。

2. 培养学生的文化敏感性

为了培养学生的文化敏感性，教育者应通过巧妙的教学内容选择和设计，引导学生深入了解不同国家和地区的文化传统、价值观念、礼仪规范等，以全面提升学生的跨文化交际能力。在全球化时代，这一能力已经成为高职学生成功应对多元文化挑战的关键。

首先，教育者可以通过多元的教材和案例，帮助学生了解各种文化的独特之处。通过深入分析文化的历史、形成背景以及与其他文化的关系，学生将更全面地理解不同文化的发展脉络，明确文化传承的核心价值。例如，通过文学作品、电影、艺术品等多媒体形式，学生可以体验到不同文化的审美观、人生态度等，从而建立对文化多样性的感知。

其次，课程设计中可以引入跨文化沟通技巧的培训，使学生具备在多元文化环境中进行有效沟通的实际技能。这可以通过模拟跨文化场景，让学生在虚拟的环境中体验与不同文化背景的人交往的情境，培养他们的应变能力和文化适应性。同时，通过角色扮演、小组讨论等方式，学生能够主动参与跨文化交际，提高他们在实际应用中的文化敏感性。

再次，组织学生参与文化体验活动也是培养文化敏感性的有效手段。这包括参观博物馆、参与文化节庆、体验传统手工艺等。通过亲身经历，学生将更深刻地感受到不同文化的魅力，增强他们的文化认同感。这种实地体验不仅能够帮助学生理解文化传统的深层内涵，还能够让他们更加主动地尊重和包容其他文化。

最后，注重培养学生的自主学习和跨学科思维能力，使其能够在学习过程中主动探索多元文化的知识。教育者可以鼓励学生参与跨学科的研究项目，引导他们关注与文化相关的社会问题，培养他们在思考问题时考虑文化因素的习惯。通过这种跨学科的学习方式，学生能够更全面、更深入地理解和把握文化的复杂性，提升他们的文化敏感性。

（二）听力技能发展的方法

1. 多样化的听力素材引入

（1）地道的英语广播

引入地道的英语广播节目是提高高职学生英语听力能力的有效途径。在全球化时代，跨文化交际成为必备技能，而对不同口音和语速的敏感听辨能力是成功跨越语言和文化障碍的重要一环。为了满足这一需求，教育者可以在课程设计中融入地道的英语广播，为学生提供真实语境中的听力练习，从而更好地培养他们在跨文化环境中的听力水平。

地道的英语广播节目具有丰富的语音材料，包括来自不同国家和地区的主持人、访谈嘉宾以及实地报道，呈现出真实的语音特点。通过接触这些广播内容，学生可以听到不同地区、不同社交场合的真实英语表达，从而提高对各种口音和语速的敏感性。这种真实语境中的练习不仅有助于学生更好地适应全球范围内的英语交流环境，也为他们在国际职场中更为灵活地应对多元文化挑战奠定基础。

地道的英语广播节目可以包括各种题材，涵盖新闻、社会、文化、科技等多个领域，使学生在听力训练中接触到丰富的英语词汇和语境。这种多元化的内容使学生不仅能够提高听辨能力，还能够扩展词汇量，了解不同领域的专业术语，为未来的跨学科能力培养打下基础。通过这样的广播学习，学生能够在真实语境中感受英语的实际运用，培养他们的语感和语音准确性。

在教学实践中，教育者可以选择地道英语广播节目，并结合学生的英语水平和兴趣爱好进行有针对性的选择。通过分阶段的听力任务，学生可以逐渐提高对不同口音和语速的适应能力，培养他们更为灵活的听力技能。同时，可以组织学生参与相关的听力讨论和分析，让他们在共同探讨中提高对英语语音的理解和运用水平。

（2）影视节目

借助丰富多样的影视节目，包括电影、纪录片和电视剧等，可以为高职学生提供跨文化语言培训的有效手段。在全球化时代，通过观看不同背景下的影视作品，学生能够深入了解生活场景和语言表达，从而培养他们在跨文化环境中的语言敏感性和理解能力。

影视节目是一种生动而直观的学习资源，能够为学生提供真实的语言材料。电影、纪录片和电视剧通常反映了不同文化、社会和历史背景下的生活面貌，呈现出地道的语言表达和情景对话。通过观看这些节目，学生能够感受到不同国家和地区的语言差异，了解各种文化中的独特表达方式。这有助于培养学生对于跨文化语境下语言的敏感性，使他们在实际交际中更为灵活和适应。

电影作为一种视听娱乐媒体，融合了语言、音乐、视觉等多个元素，能够在短时间内传达丰富的文化信息。通过选择具有代表性的影片，教育者可以引导学生聚焦于影片中的语言细节，如口音、用词、交际方式等。通过对影片的深入分析，学生可以逐步提高对不同文化语境的理解和应对能力，培养他们的跨文化交际技能。

纪录片则提供了更为真实和客观的文化画面，通常涵盖社会问题、人文景观、历史事件等多个方面。通过观看跨文化主题的纪录片，学生可以更全面地了解各个国家和地区的生活状况，以及相关语言的使用情况。这种观察和分析有助于学生形成对于不同文化语境的深刻认知，使他们在实际跨文化交际中更具信心和效果。

电视剧作为一种长篇连续剧情表达形式，能够深入刻画人物性格、生活场景，呈现更为细致的语言细节。通过观看具有代表性的跨文化电视剧，学生可以更加深入地感受不同文化间的交流模式、用语规范以及语境引申。这种深度的观察有助于提高学生对于不同文化中日常交际习惯和社交礼仪的了解，为他们在未来的跨文化职场中更为成功地应对挑战提供支持。

2. 多样化的听力训练方法

（1）听力训练软件

引入专业的听力训练软件是提高高职学生听力技能的一项重要举措。在全球化时代，有效的跨文化交际需要学生具备良好的听力能力，能够理解不同语境下的语音和语调变化。通过引入多样化的听力练习题目，专业的听力训练软件可以为学生提供系统性和个性化的听力训练，以帮助他们更全面地掌握各种语境下的听力技能。

听力软件的优势之一在于其多样性，涵盖了各种场景和语境。这包括但不限于不同国家和地区的口音、各种社交场合下的对话、专业领域内的讲座和研讨会等。通过多样化的题材和语境设置，学生可以接触到真实生活中的各种语言表达，提高对不同语音和语调的敏感性。这种全面性的听力训练有助于学生更好地适应多元文化语境，为其未来的跨文化交际奠定基础。

专业的听力训练软件通常具备智能化的个性化设置，根据学生的水平和需求，提供定制化的训练方案。这种个性化的设计能够更好地满足学生的听力训练需求，针对其存在的弱点进行有针对性的训练。软件可以根据学生的表现动态调整题目难度，从而确保训练的有效性和针对性。

在听力训练过程中，软件还可以提供实时反馈和分析，帮助学生了解自己的听力水平，并及时调整学习策略。通过分析学生在不同题材和语境下的听力表现，软件可以为教育者提供有益的数据，以便更好地调整教学内容和方法，进一步提升教学效果。

同时，引入专业的听力训练软件也能够激发学生的学习兴趣。通过生动有趣的题材和互动性强的设计，软件能够提高学生的学习动力，使他们更积极主动地参与听力训练，达到更好的学习效果。

（2）实地听力活动

组织学生参与实地听力活动是一种极具实践性的方法，通过亲身经历，可以有效提高高职学生在跨文化交际中的语音理解和交际能力。这种活动包括但不限于企业参观、文化交流活动等，使学生能够在真实场景中直面各种语音和交际难题，从而更好地适应实际生活中的跨文化交际环境。

参观企业是一种实地活动，通过参观企业，学生能够聆听到真实工作场景中的语言表达。在参观企业的过程中，学生有机会接触到不同职业领域的专业术语和行业用语，提升他们对于专业英语的理解水平。同时，学生还能够借助实地体验，感知企业文化中的语言风格和交际规范，增强在职场环境中的语言适应能力。

文化交流活动则提供了更广泛的跨文化交际机会。通过参与文化交流活动，学生能够与不同文化背景的人群进行互动，接触到多样化的语言使用方式。这种活动包括国际会议、文化展览、语言角等，为学生提供了更为开放和多元的语境，使他们能够更全面地了解和感受不同文化间的语言差异。同时，学生在交流过程中可能面临来自不同文化的口音、语速等问题，这促使他们提高对语音细节的敏感性，增强跨文化听力技能。

在实地听力活动中，学生需要积极参与互动，主动倾听和表达。通过与实际场景中的人群进行交流，学生能够更深入地感受到语言的实际运用，理解真实生活中的语音变化和语境交际。这种实践性的活动能够帮助学生在跨文化环境中更加自信地应对各种语音和交际挑战，培养他们在实际生活中更为灵活的语言能力。

组织学生参与实地听力活动是一种富有挑战性和实践性的教学手段，能够有效提高高职学生的跨文化交际能力。通过这样的实践，学生不仅能够感知真实生活中的语言使用情境，还能够提高对不同文化语境的适应性，为其未来的职业发展和全球化交流打下坚实的基础。

二、语言表达与写作能力的提升

（一）语言表达能力的提升

1. 口语表达任务设计

（1）英语演讲

设计定期的英语演讲任务是一项有益于培养高职学生语言表达能力的重要教学策略。在这个任务中，学生被要求选择自己感兴趣的主题进行演讲，从而在公共场合清晰、自信地表达观点。这种形式的教学旨在通过提升学生的口头表达能力，加强其在职场中进行英语沟通的自信心。

英语演讲任务的设计注重学生的个性化和兴趣导向。通过让学生选择感兴趣的主题，教师能够激发学生的学习热情，提高他们参与任务的积极性。学生在选择主题的过程中可以结合自身专业背景和职业兴趣，使演讲更具实际应用性。这种个性化的设计有助于激发学生的自主学习意识，培养他们在实际场景中进行英语口头表达的主动性。

通过英语演讲，学生有机会在公共场合展示自己的语言表达能力。演讲要求学生在一定时间内清晰、有条理地陈述观点，提高他们在表达思想时的逻辑性和语言组织能力。这对于培养学生在职场中进行有效沟通的能力至关重要。演讲过程中，学生需要处理好语音语调，使表达更加自然流畅，提高他们在口头表达中的语音技能。

定期的演讲任务有助于学生建立自信心。通过不断面对公众演讲的挑战，学生可以逐渐适应在公共场合表达自己的感受和观点。这种自信心的培养对于将来在职场中需要进行英语演讲、汇报的场合具有重要意义。自信的表达不仅有助于提高沟通效果，还能够为学生的职业发展增添信心和竞争力。

（2）小组讨论

组织小组讨论活动是一项旨在培养高职学生团队协作与语言协调能力的有效教学策略。通过让学生在小组中共同讨论、解决问题，并分享彼此的观点，能够促使学生更好地适应未来团队合作的职场环境。

小组讨论活动的设计注重学生的互动与合作。在小组中，学生需要共同面对特定问题或任务，展开深入的讨论，并提出各自的见解和解决方案。这种形式的学习激发了学生的团队协作意识，培养了他们在协同工作中的沟通和合作技能。通过与小组成员的互动，学生能够学到如何倾听他人的观点、尊重不同意见，并协同合作完成任务。

小组讨论活动还能够提升学生的语言协调能力。在讨论过程中，学生需要有效地运用英语进行交流，清晰地表达自己的观点，理解并回应其他小组成员的意见。这有助于加强学生在团队协作中的语言表达和理解能力，提高他们在跨文化环境中的语言协调水平。

教育者在组织小组讨论活动时可以引导学生运用专业术语，以促使讨论更加深入和专业化。通过设置相关主题或案例，可以使小组讨论更加贴近实际职业场景，帮助学生更好地将英语学习与未来职业需求相结合。

2.有效沟通的能力培养

（1）商务沟通技巧

在高职英语教学中，对商务沟通技巧的培养至关重要。这一方面包括在商务会议上提问和回答问题的技能，能够使学生更好地适应职场中的商务沟通需求。为了有效地培养这些技能，教育者可以采用角色扮演等活动，让学生参与模拟真实的商务场景，从而提升其在职场中进行有效沟通的能力。

商务沟通技巧的培养不仅仅关乎语言表达，更牵涉到在商务环境中的专业素养和行为规范。通过角色扮演，学生可以在模拟的商务场景中体验各种交际情境，如商务会议、洽谈、汇报等。这使得学生能够更真实地面对在商务沟通中可能遇到的挑战，包括语言难题、沟通策略等方面的问题。同时，这种实践性的学习方式有助于提高学生在真实商务场景中的应变能力，增加他们在职场中的自信心。

在角色扮演活动中，教育者可以设定不同的商务情境，鼓励学生展示在不同场合下的商务沟通技巧。例如，在商务会议中，学生可以扮演主持人、发言人或参与讨论的成员，通过实际操作来练习提问和回答问题的技能。这种实战性的培训使学生能够更深入地理解商务沟通的复杂性，为将来进入职场做好充分准备。

此外，教育者还可以通过对商务沟通案例的分析和讨论，引导学生深入理解商务交际的原则和技巧。这样的案例研究可以帮助学生从实际中获取经验，了解在不同的商务情境下应该如何运用相应的沟通策略，提升他们的商务沟通水平。

（2）情感表达的训练

在高职英语教学中，情感表达的训练是培养学生综合语言能力的重要组成部分。通过引导学生在英语中表达个人情感和想法，例如，在困难时请求帮助，或在团队成功时表示祝贺，可以有效提升学生在职场中更加自如地表达自己情感的能力，增加人际沟通的灵活性。

情感表达的训练不仅关乎语言技能的提升，更涉及学生在职场中的情商和沟通智慧。通过这样的训练，学生能够在实际生活和工作中更加准确、生动地表达自己的情感，建立更加积极、有效的人际关系。

在实践中，教育者可以设计各种交际任务，鼓励学生用英语表达个人情感。例如，模拟团队合作中的场景，要求学生使用英语表达对同事的鼓励、感谢或者建议，以培养他们在团队中更加积极主动的沟通风格。同时，通过角色扮演或模拟真实情境，教育者可以引导学生练习在不同场景下表达情感的方式，如应对挫折、庆祝成功等。

此外，可以通过分析和讨论真实的情感表达案例，引导学生理解不同文化背景下对情感表达的差异，提高他们在跨文化环境中的情感表达的敏感性。这种跨文化的情感表达训练有助于学生更好地适应全球化时代职场的多元化特点。

情感表达的训练是高职英语教学中的重要环节，不仅提升了学生的语言表达能力，更培养了他们在职场中处理人际关系的能力。通过丰富多样的训练活动，学生能够更加自信、灵活地运用英语表达自己的情感，为其未来职业发展打下坚实的基础。

（二）写作能力的提升

1. 写作技能培养

（1）商务邮件撰写

商务邮件撰写是高职英语教学中非常重要的一项技能培养，因为在职场中，良好的邮件沟通是有效开展工作的关键。教育者在教学中应着重培养学生在职场中常见的商务邮件写作技巧，通过实际案例分析，指导学生如何进行有效的商务邮件沟通。

首先，教育者可以通过真实的商务邮件案例，向学生展示不同语境下的邮件写作风格。这有助于学生理解在不同的职场场景中，邮件的语言表达应该具备何种特点。例如，在正式商务场合，邮件通常需要使用正式、得体的语言，而在团队内部的邮件中，语气可以更加轻松。

其次，教育者应引导学生选择适当的语言风格。商务邮件的语言应当准确、简洁、明了，避免冗长复杂的措辞。通过分析不同邮件案例，学生可以学会在邮件中使用得体的语言，使得信息传达更加迅速和清晰。

再次，教育者还应教导学生使用礼貌用语。商务邮件是一种正式的商业沟通方式，因此，在邮件中使用得体的礼貌用语显得尤为重要。学生需要学会在邮件中表达感谢、道歉、询问等不同情境下的礼貌用语，以维护良好的职业形象。

最后，教育者应强调邮件格式的规范。商务邮件的格式通常包括主题、称呼、正文、结束语、署名等要素，学生需要学会合理搭配这些要素，使邮件结构清晰，易于阅读。

（2）报告和文档的撰写

加强对报告和文档写作的训练是高职英语教学中的一项重要任务，因为在职场中，书面表达的准确性和规范性对于有效沟通和职业发展至关重要。教育者在教学中应该引导学生提高在职业环境中书面表达的能力，学生通过学习实际案例，了解在不同场合下应用不同写作风格的重要性。

首先，教育者可以通过实际的报告和文档案例，向学生展示在职场中书写风格的多样性。不同场合和目的的文件，要求使用不同的写作风格和语言表达方式。例如，正式的报告可能需要使用较为正式和专业的语言，而内部文档可能更注重简洁、清晰的表达。通过案例分析，学生可以了解在不同情境下选择适当写作风格的重要性。

其次，教育者应强调报告和文档的准确性。在职业环境中，准确传达信息至关重要。学生需要学会如何明确地陈述观点、清晰地组织思路、正确地使用术语和专业词汇。通过实际练习和纠错，学生能够提高书面表达的准确性。

再次，规范性也是书面表达的重要方面。教育者应教导学生关注文档格式、用词规范、标点符号的正确使用等方面的细节。规范的文档不仅有助于提升专业形象，还能够使信息更易读懂，提高文档的实用性。

最后，教育者可以通过实践性的写作任务，让学生应用所学知识。例如，要求学生模拟起草实际的报告、项目文档或业务信函，从而更好地理解和应用专业写作技巧。

通过这样的培训，学生将更好地适应职场中的书面表达需求，为他们未来的职业发展提供强有力的支持。这种训练不仅有助于学生在工作中表达自己，还能够提升他们在团队合作、项目管理等方面的综合素养。

2. 写作指导的实施

（1）语法和词汇的准确运用

在高职英语教学中，语法和词汇的准确运用对于学生的写作能力至关重要。教育者应该重点关注学生在写作过程中的语法和词汇使用，通过个别指导和批改作业，帮助学生提高语言的准确性。为了培养学生良好的写作习惯，可以定期进行写作指导课程。

在写作中，语法错误和词汇不当不仅会影响文章的表达效果，还可能导致理解上的困惑。因此，教育者可以通过个别指导，针对学生的具体语法和词汇问题进行解答和讲解。这种定向的指导有助于学生更直观地理解并改正自己在写作中的错误，提高语言表达的准确性。

批改作业是教育者帮助学生提高语法和词汇准确性的另一重要手段。在批改作业的过程中，教育者可以详细指出学生文章中存在的语法错误和词汇不当之处，并给予具体的改进建议。通过这种形式的反馈，学生能够更深刻地理解语法规则和词汇用法，逐渐提高其写作水平。此外，定期进行写作指导课程也是培养学生语法和词汇准确运用的有效途径。在这些课程中，教育者可以结合学生的实际写作情况，讲解常见的语法难点和词汇应用技巧，同时进行实际的写作训练。通过课堂讲解和实践操作相结合，学生能够更全面地掌握语法和词汇知识，并在实际写作中灵活运用。

（2）逻辑结构的合理构建

在高职英语教学中，逻辑结构的合理构建是培养学生写作能力的重要方面。教育者应当注重培养学生在写作中的逻辑思维和结构构建能力，通过有针对性的指导，使学生逐步掌握合理组织论据和观点的方法，提高文章的逻辑连贯性。

一种有效的方法是通过分层写作任务，从段落结构到整篇文章结构逐步指导学生。在段落层面，教育者可以引导学生学习如何在每个段落中明确主题句，使用恰当的过渡句，确保段落内部结构紧密有序。这有助于培养学生在短文段内展开清晰逻辑的能力，使文章在局部具备良好的结构性。

在整篇文章结构方面，教育者可以引导学生了解不同文体的常见结构，如议论文、说明文、应用文等的基本结构特点。通过实例分析和模板演练，学生能够逐渐理解文章整体结构的重要性，并运用到实际创作中。这种逐步深化的教学方法有助于学生逐渐形成自己的逻辑构建思维模式。

在逻辑结构的培养过程中，注重提高学生对于论据和观点的组织能力也是至关重要的。教育者可以通过让学生进行讨论、辩论、写作实践等方式，培养其提炼和组织信息的能力。通过这样的实践，学生能够更好地理解如何将各种论据和观点有机地组织在文章中，确保论证过程的合理性和说服力。

逻辑结构的合理构建是学生提高写作水平的关键之一。通过分层任务的指导，学生可以逐步培养起段落和整篇文章的逻辑思维和结构构建能力。这种训练不仅有助于学生在学术领域中的发展，也为其未来在职业生涯中的有效沟通和表达打下坚实的基础。

第二节　英语技能在职业环境中的运用

一、实际工作场景中的英语沟通

（一）模拟职场沟通活动

1. 商务会议的模拟

（1）活动设计

通过组织模拟商务会议的活动，教师可以为学生提供一个近似真实的商务场景，旨在培养学生在职场中运用英语的能力。在这种活动中，学生扮演不同职务的角色，参与会议议程的讨论、提出建议以及解决问题，从而在模拟的商务环境中锻炼他们的语言表达和沟通技能。

首先，活动的设计应包含真实商务场景的元素，以使学生能够更好地理解和适应未来的职业环境。教师可以模拟不同行业的商务场景，包括销售会议、项目讨论、团队策划等，以确保学生在模拟中面对的情境具有一定的真实性。

其次，教师在活动中可以引导学生运用商务用语和专业术语，帮助他们熟悉并理解在商务会议中常见的表达方式。通过实际的对话和讨论，学生能够更深入地了解如何准确地使用商务英语，提高他们在职场中进行专业交流的信心。

再次，活动的设计还可以注重团队合作和角色扮演的要素。学生在扮演不同职务的同时，需要相互协作，共同完成会议的目标。这有助于培养学生在团队中的协作和沟通技能，提高他们在未来职场中的团队合作能力。

最后，活动结束后，可以进行反馈和总结，让学生分享在活动中的体会和经验。教师可以提供有针对性的建议，以帮助学生进一步改进他们的语言表达和沟通技能。

通过这样的活动设计，学生不仅能够在模拟中提高商务英语的实际运用能力，还能够锻炼团队协作和解决问题的能力，为他们未来职业生涯的发展奠定坚实的基础。

（2）技能培养

在模拟商务会议中，教师应该注重学生在表达能力、会议主持能力和团队协作能力等方面的技能培养。通过精心设计的角色扮演和及时的反馈机制，学生将有机会更全面地了解自己在职场沟通中的优势和不足，有针对性地改进和提升相关技能。

首先，关注学生的表达能力是活动的重要方面。在模拟会议中，学生需要清晰、准确地表达自己的观点和建议。教师可以通过实时观察和录音等方式收集学生的表达情况，然后在活动结束后提供具体的反馈。这有助于学生了解自己的语言表达能力，并在反馈中获得改进的方向。

其次，会议主持能力也是需要培养的重要技能。在活动中，学生可能会有机会扮演会议主持人的角色，需要引导讨论、控制会场氛围以及协调不同观点。教师可以通过评估学生主持会议的效果，提供关于主持技巧的建议，帮助他们在未来的职场中更好地组织和引导会议。

最后，团队协作能力也是模拟商务会议中值得培养的技能之一。通过分组活动，学生需要在团队协作中完成任务，共同达成目标。教师可以观察团队的协作效果，从而给予关于团队协作和沟通技巧的反馈。这有助于学生了解在实际工作中如何更好地与他人协作，提高团队合作的水平。

通过这样的技能培养活动，学生将不仅在语言表达方面得到提升，还将在会议主持和团队协作等方面培养出更为全面的职业素养，为他们未来的职场生涯奠定坚实的基础。

2. 电话会议的实施

（1）模拟电话会议

组织模拟电话会议是一种有效的教学活动，通过这种方式，学生能够体验在不同地点进行跨地域沟通的情境，有助于培养他们适应远程工作环境的能力，同时提高他们在电话会议中使用英语的水平。这一活动通过以下几个方面促进学生的语言技能和沟通技巧的提升。

首先，模拟电话会议为学生提供了一个近似真实的工作场景。在实际的职场环境中，跨地域电话会议已经成为一种常见的业务沟通方式。通过模拟这样的场景，学生能够更好地理解并适应未来可能面临的职业挑战，培养他们在远程工作中的应变能力。

其次，通过模拟电话会议，学生在语言交流中保持清晰、简洁表达的技能将得到提升。在电话会议中，语言表达的清晰度对于信息传递至关重要，避免产生误解。通过反复练习，学生将更加熟练地运用英语进行有效的口头表达，提高在沟通过程中表达的准确性。

最后，模拟电话会议还有助于培养学生的团队协作和协调能力。在电话会议中，团队成员可能分散在不同的地理位置，需要通过语音沟通进行有效的合作。通过组织这样的活动，学生将学会协调时差、倾听他人意见、提出建议等团队协作技能，为未来的远程团队合作打下坚实的基础。

（2）沟通效果评估

教师在模拟电话会议活动中的沟通效果评估是一项关键任务，通过对学生在语音语调、表达流畅度、回答问题等方面的表现进行全面评估，能够为他们提供有针对性的反馈，帮助他们更好地了解和改进在远程沟通中的不足之处。

首先，教师可以对学生的语音语调进行评估。这包括语速、语调起伏、发音准确性等方面。通过评估学生的语音语调，教师能够了解学生在表达时是否能够流利自然，语音语调是否得体，从而提供建议和指导，帮助学生更好地适应跨文化沟通的语音要求。

其次，教师可以关注学生的表达流畅度。这包括语言组织的条理性、思维表达的清晰度等方面。通过评估学生的表达流畅度，教师能够帮助学生提高在电话会议中进行有效沟通的能力，培养他们在实际工作中清晰表达观点的技能。

最后，教师还可以评估学生回答问题的能力。在模拟电话会议中，学生可能会面临各种问题，包括关于业务内容、合作方案等方面的问题。通过对学生回答问题的表现进行评估，教师可以了解学生在应对复杂问题时的反应能力，帮助他们提高在职场中解决问题的能力。

评估结果的及时反馈对学生的成长至关重要。教师可以通过个别指导、小组反馈等方式，向学生详细说明评估结果，指出其表现的优势和需要改进的地方。这种个性化的反馈有助于学生更深入地了解自己的能力，有针对性地进行提高和改进，为其未来的职业生涯打下坚实的语言沟通基础。

（二）职场沟通技巧的培训

1. 正式场合的语言运用

（1）商务英语礼仪

商务英语礼仪的培训对于高职学生在职场中的成功沟通至关重要。教育者应当注重教授学生会议礼仪、商务宴会礼仪等方面的知识，使其能够在不同正式场合中展现得体的专业形象。

在商务会议中，学生需要了解正式场合的用语规范。教育者可以通过模拟商务会议的角色扮演活动，教导学生在会议中如何正确表达观点、提出建议，并学习使用恰当的商务词汇和用语。这有助于提高学生在商务场合中的语言表达能力，使其能够更加自信地参与会议讨论。

另外，商务宴会礼仪也是培养学生专业形象的重要一环。教育者可以通过示范和解说，教导学生在商务宴会中如何正确使用餐具、应对突发状况，以及注意自身仪态等方面的礼仪知识。这样的培训有助于学生在正式社交场合中表现出得体的仪态和素养，从而树立良好的职业形象。

在商务英语礼仪的培训中，实际案例分析是一种有效的教学手段。通过分析实际商务场景中的成功案例和失误案例，学生能够更深入地理解商务英语礼仪的重要性，明确在商务场合中应当注意的细节。这样的案例分析能够使学生更有针对性地应对各种职场挑战，提高其在商务场合中的应变能力。

商务英语礼仪的培训不仅关乎个人形象，更直接影响到职场交往的成功与否。通过系统的培训，学生能够在商务场合中展现出专业、自信、得体的形象，以便更好地适应和融入商务环境。

（2）邮件沟通的技巧

邮件沟通是职场中常见的书面交流方式，而学生在邮件中的表达方式直接关系到职业形象的建立。因此，在教学中，着重培养学生在邮件沟通中的技巧至关重要。学生需要全面掌握一封邮件的逻辑结构和表达技巧，以确保邮件既准确又得体。

首先，教育者可以侧重教学生如何开始一封邮件。邮件的开头应简洁而有礼貌，能够迅速引起读者的注意。教育者可以引导学生注意使用适当的称呼，例如尊敬的先生／女士，以及在正式场合中避免使用太过亲昵的语言。

其次，学生需要掌握邮件主题的撰写技巧。在主体部分，学生应清晰地陈述要表达的内容，避免冗长的废话，确保信息传递的简洁性。教育者可以通过模拟实际情境，让学生练习在邮件中清晰地陈述问题、提出建议或寻求帮助等。

最后，邮件的结尾同样需要注意。学生应在结尾部分感谢对方的时间和耐心，并明确表达期待对方的回复或采取的下一步行动。通过在结尾处善意而明确地表达，可以增强邮件的互动性和建立良好的沟通氛围。

教育者可以通过实际案例分析和角色扮演等活动，让学生在模拟环境中练习邮件沟通。通过教师的指导和建议，学生能够更深刻地理解邮件沟通的要点，逐步提高在书面表达中的准确性和得体性。

在整个教学过程中，注重邮件沟通中的语法和词汇的准确运用也是至关重要的。教育者可以通过提供范例、分析典型错误等方式，帮助学生提高语言的准确性，从而增强邮件的专业程度。

邮件沟通技巧的培养旨在使学生在职场中能够运用得体的书面语言与他人进

行有效沟通，建立良好的职业形象。通过系统的训练，学生能够更自如地应对各类邮件沟通场景，提高其在职场中书面表达的水平。

2. 非正式场合的语言运用

（1）社交场合的表达

在培养高职学生的英语表达能力时，特别注重其在非正式社交场合中的表达技能至关重要。这方面的培养旨在使学生在职场社交活动中更加自如地进行人际交往，增进团队协作的默契度。

首先，教育者可以着眼于社交场合中的寒暄技巧。学生需要学会在不同场合使用适当的寒暄语言，包括问候、道别等。通过模拟情境，教育者可以引导学生练习在社交活动开始或结束时以自然而亲切的方式进行寒暄，增加社交互动的和谐性。

其次，学生需要掌握在社交场合介绍自己和同事的能力。这包括自我介绍的基本要素，如姓名、职务、所属部门等。教育者可以通过角色扮演和小组活动，让学生在模拟场景中练习自我介绍，提高他们在社会交往中的表达自信度。

再次，教育者还可以通过情境模拟训练学生在非正式社交场合中的礼仪规范。这包括在活动中如何与同事和上级互动，如何表现得得体而亲切。通过实际案例和反馈，学生能够更好地理解在职场社交中应该遵循的礼仪准则，提高他们的社交技能。

最后，在整个培养过程中，教育者还可以通过引导学生参与真实的社交活动，如网络聚会、座谈会等，让他们将学到的技能应用到实际场合。这有助于学生更好地理解社交场合的复杂性，并在实践中逐步提高表达能力。

培养学生在非正式社交场合中的英语表达能力旨在让他们更加自如地应对各类职场社交活动，建立积极、和谐的人际关系，提高团队协作的默契度。这种培养不仅有助于学生在职业生涯中取得更好的职场表现，同时也为其个人成长和发展奠定坚实的基础。

（2）情景模拟培训

通过情景模拟培训，教师能够为学生提供一种丰富而实际的学习体验，引导他们在各种职场场合中进行角色扮演，从而更好地适应职场沟通的多样性，提高在实际工作场景中的应变能力。

首先，情景模拟可以涵盖与客户的交流。学生在模拟中可以扮演与客户互动的角色，学会如何有效地表达产品或服务的特点，回应客户的需求和疑虑。这有助于培养学生在真实商务场景中与客户进行沟通的自信心和技能。

其次，模拟可以包括同事之间的闲聊。在职场中，非正式的社交交流同样重要，对于团队建设和氛围营造有积极影响。通过角色扮演进行同事之间的交流，学生可以锻炼在各种场合中使用轻松、得体的语言进行社交的能力，提高与同事之间的沟通默契度。

最后，情景模拟还可以包括团队协作和解决问题的场景。通过模拟团队会议或项目协作，学生能够体验到在团队合作中的沟通挑战，并学会协调不同观点，有效解决问题。这培养了学生在职场中与团队成员协同工作的能力，增进了团队的凝聚力。

在情景模拟培训中，教师的角色至关重要。他们可以通过设定不同的情境，提供实时的反馈和指导，帮助学生更好地理解和改进他们的沟通技能。此外，模拟中的反馈也有助于学生自我认知，更清晰地了解自己在沟通中的优势和不足。

通过这种实践性的学习方式，学生能够在模拟的情境中不断调整和改进自己的沟通方式，提高在职场中的适应和应变能力。这种培训方法不仅使学生在模拟中获得经验，同时也为他们在未来真实的职业生涯中更好地应对各类沟通挑战奠定了坚实的基础。

二、职业实习与语言技能实践

（一）职业实习的重要性

1. 实际工作经验的价值

（1）理解职场文化

职业实习为学生提供了深入了解职场文化的珍贵机会。通过亲身参与实际工作，学生得以全面了解企业的运作方式、职业规范以及专业术语的实际运用，从而更好地理解专业英语在职场中的应用。

首先，职业实习使学生能够亲身感受和理解企业的运作方式。在实习中，他们将直接接触到不同层级的员工、领导层以及企业的日常运营。这有助于学生更全面地了解职场文化的内部机制，包括组织架构、工作流程和企业价值观。

其次，实习提供了学生深入了解职业规范的机会。在企业中，有一系列的职业规范和行为准则需要遵守，这涵盖了从着装要求到工作礼仪的方方面面。通过亲身实践，学生能够更好地理解并适应这些规范，培养出符合职场期望的职业素养。

最后，实习也为学生提供了学习专业术语和行业用语的实际场景。在特定行业内，存在许多特有的词汇和表达方式，这对于有效的职场沟通至关重要。通过实际工作中的交流和与同事的互动，学生能够更自然地融入职场语境，提高专业英语的应用水平。

（2）掌握实际工作技能

在职业实习期间，学生将面临真实的工作任务，这为他们提供了将在学校学到的理论知识应用于实践的宝贵机会。这一经历不仅有助于他们更全面地掌握专业领域的实际工作技能，同时也提高了在实际工作环境中运用英语的能力。

首先，职业实习是学生将理论知识付诸实践的桥梁。在学校里，学生学到的知识往往是抽象的、理论性的，而实习提供了一个将这些理论知识转化为实际操作的机会。通过亲身参与实际工作项目，学生能够更深入地理解和应用专业知识，从而更全面地掌握实际工作所需的技能。

其次，实习使学生能够直接应用并提高在实际工作环境中运用英语的能力。在职场中，英语作为国际通用语言，是跨国公司和团队间沟通的重要工具。通过在实际工作中的使用，学生将更熟练地掌握商务英语、专业词汇和行业术语，提高与同事、客户以及其他利益相关方进行有效沟通的能力。

最后，实习也为学生提供了与职场专业人士互动的机会。在实际工作中，学生将与经验丰富的同事合作，向他们学习实际工作中的技巧和经验。这种实践中的学习不仅帮助学生更好地适应职业环境，还拓宽了他们的职业视野，提升了综合素养。

2. 实习期间的英语培训

（1）与企业合作的英语培训

与企业合作的英语培训是教师在高职学生职业实习过程中的一项关键举措。通过与实习企业的紧密协作，教师可以提供与实际工作紧密相关的英语培训，以使学生更好地适应并胜任职业环境中的语言要求。

首先，合作企业英语培训可以着重于行业特定的词汇和术语。不同行业拥有独特的专业术语，了解这些术语对与同行、客户以及团队进行有效沟通至关重要。通过与企业共同制订培训计划，学生可以更深入地学习并掌握与实际工作相关的专业词汇，提高他们在职场中的语言表达准确性。

其次，沟通技巧也是合作企业英语培训的重要内容。在实际工作中，良好的沟通技巧对于团队合作、项目推进以及解决问题至关重要。教师可以通过模拟真实工作场景、角色扮演等方式，训练学生在不同职业场景下的沟通技巧，使他们能够自信、清晰地表达观点和理解他人的意图。

再次，相关文件的书写规范也是企业英语培训的关键方面。在职业环境中，书面沟通是必不可少的一部分，尤其是在涉及合同、报告、邮件等文书的情境中。通过模拟实际工作情境，教师可以帮助学生掌握商务信函、报告等文件的书写规范，培养他们在书面沟通中的专业度。

最后，通过与企业合作的英语培训，学生将有机会了解企业文化和职场礼仪。这对于学生在实习期间更好地融入企业、建立职业关系、展示职业形象至关重要。教师可以通过模拟企业文化和职场礼仪的培训，提升学生的职业素养和职场适应能力。

（2）实践中的语言问题解决

在职业实习中，学生常常面临各种语言挑战，这包括与同事的有效沟通、专业报告的准确撰写等方面。为解决这些语言问题，教师在教学中可采取一系列策略，通过与学生的定期交流，及时解决他们在语言运用中遇到的问题，从而促进他们在实际工作场景中的语言技能发展。

首先，定期与学生进行个别交流是解决实践中语言问题的有效途径。通过这种交流，教师可以了解学生在实习中遇到的具体语言困难，包括词汇难题、语法错误、口语表达不准确等方面。通过有针对性地指导和建议，教师可以帮助学生克服这些问题，提高他们在职场中的语言运用能力。

其次，教师可以组织语言反馈会议，为学生提供一个互动的平台。在这种会议中，学生可以分享在实习中遇到的语言挑战，同时获取来自教师和同学的建议。通过互动交流，学生不仅可以得到解决问题的方法，还能够学习他人的经验，提高彼此之间的语言交流水平。

再次，针对学生在实习中遇到的具体问题，教师可以设计专门的语言训练课程。这包括提供相关的课堂教学、练习材料以及语言技能培训。通过有计划地训练，学生可以有针对性地提高在特定场景下的语言表达能力，例如，商务会议中的发言技巧、报告的结构与语言运用等方面。

最后，利用技术手段，如在线语言学习平台或语音识别工具，可以帮助学生在实践中更好地解决语言问题。这些工具可以提供实时反馈、个性化的学习建议，帮助学生自主学习和改进语言表达能力。

通过以上方法，教师可以在学生实习期间提供有针对性的语言支持，使他们更好地适应职业环境的语言要求，提高在实际工作场景中的语言运用能力。这种定制化的语言指导不仅有助于解决学生在实践中遇到的具体问题，也有助于培养他们更加全面的语言技能。

（二）语言技能实践的设计

1. 实践性强的任务设计

（1）跨文化团队合作

设计任务要求学生与外国同事共同参与项目，进行跨文化团队合作。通过这样的实践，学生能够提升在多文化工作环境中的英语交流能力，学到适应和尊重不同文化的技巧。

（2）国际项目参与

鼓励学生积极参与国际项目，与来自不同国家的专业人士进行交流。这样的实践使学生能够在真实的国际业务中应用专业英语，提高他们的语言应用水平。

2. 实际职场情境中的语言应用

（1）语境模拟训练

通过语境模拟，教师可以为学生提供一种在实践中运用英语技能的有力工具。这一方法的核心在于设计和创建真实的职场情境，使学生能够在模拟中运用所学英语技能，从而提高在实际职场情境中的语言应用能力。

在模拟中，教师可以设计各种职场情景，如商务洽谈、项目汇报、团队协作等，以确保学生面对的情境贴近实际工作环境。例如，在模拟商务洽谈时，学生可以扮演不同的商务角色，进行实际的谈判，运用商务用语和沟通技巧。在项目汇报的情境中，学生需要准备并呈现项目进展，锻炼他们的演讲和表达能力。

通过这样的模拟活动，学生能够在相对安全的环境中体验职场挑战，提高他们在实际工作场景中使用英语的信心和熟练度。此外，语境模拟还能帮助学生更好地理解和适应跨文化工作环境，因为模拟可以包含不同国家、地区的商务文化和交流方式。

教师在设计模拟情境时，可以结合实际案例、行业特点，使模拟更具真实性和实用性。通过精心设计的情境，学生不仅可以练习语言技能，还能培养解决实际问题的能力，加强团队协作和沟通技巧。

为了深化学生的学习体验，可以在模拟后进行反馈和讨论。通过反馈，教师可以指出学生在模拟中的优点和不足，并提供有针对性的建议。学生还可以互相分享彼此的经验，促进共同学习。

（2）沟通技能的提升

提升学生在实际工作场景中的沟通技能是培养他们成功适应职业环境的关键。在这一过程中，教育者应该注重培养学生的多方面沟通技能，包括表达观点、谈判技巧以及有效沟通等方面。通过有针对性地培训，学生能够更好地在职场中进行英语交流，提高工作中的沟通效率。

首先，表达观点是沟通的基本要素之一。在职场中，学生需要清晰、明确地表达自己的观点，以确保信息的准确传达。通过模拟场景和实际案例的训练，学生可以提高表达观点的能力，学会使用适当的语言与表达方式，避免歧义和误解。

其次，谈判技巧是在职场中进行有效沟通的重要组成部分。学生需要学会在商务谈判中灵活运用语言，妥善处理各种情境。通过模拟谈判、案例分析等方式的培训，学生可以提高在不同场合下的沟通应变能力，增加谈判的成功概率。

最后，有效沟通是协同工作中不可或缺的一环。教育者可以通过课堂讨论、小组活动等方式，帮助学生培养团队协作和共鸣的沟通技能。学生在团队的协同工作中，将有机会学会如何与他人有效地合作，提高群体的沟通效率。

针对性的培训还包括提高学生在跨文化背景下的沟通敏感性。全球化时代，跨文化沟通能力是职场中越来越重要的技能。通过引导学生关注不同文化之间的差异，教育者可以帮助他们更好地理解和适应多元文化环境，提高在全球化背景下的沟通技能。

在整个培训过程中，实际案例的引入是非常重要的。通过真实案例的分析，学生能够更好地理解在职场中不同沟通策略的应用，更深刻地领会语境对沟通的影响，从而提升他们在实际工作中的沟通技能。

第三节　综合素养与跨学科能力的培养

一、跨学科课程融合与素养培养

（一）跨学科课程的设计

1. 多学科内容的融合

（1）课程整合的理念

在课程设计中，教育者应采用整合多学科内容的理念，将英语课程与专业课程相结合。例如，在工程类专业中，可以设置英语课程，涵盖与工程领域相关的语言技能培养，同时引导学生学习与专业相关的英语文献，提高其专业术语的运用能力。

（2）学科之间的联系建立

通过设计课程项目，引导学生在不同学科之间建立联系。例如，在商业管理专业中，可以设置跨学科的英语课程，让学生在英语学习的同时，了解商业领域的专业知识，提高其商务沟通的能力。

2. 跨学科能力的培养

（1）综合问题的分析与解决

跨学科课程的设计应强调培养学生对综合问题的分析和解决能力。通过将不同学科的知识融入英语学习中，学生能够更全面地理解和应对实际问题，提高他们的跨学科思维水平。

（2）项目驱动的学习

倡导以项目为驱动的学习，通过实际项目合作，培养学生的团队协作和创新能力。例如，设计一个项目，要求学生结合所学英语知识，与其他专业的同学共同解决一个实际问题，促使他们在实践中锻炼语言运用和跨学科合作的技能。

（二）项目式学习的实施

1. 项目式学习的特点

（1）实际问题的解决

项目式学习注重将学生置于实际问题中，通过团队合作解决问题。在这个过程中，学生需要运用英语进行有效的沟通，包括讨论、汇报、协商等环节，提高他们在实际跨学科环境中的语言应用能力。

（2）跨学科技能的综合培养

项目式学习不仅关注英语技能的提升，还强调学生在解决实际问题时所需的跨学科技能。通过与其他专业的学生合作，学生能够了解不同领域的专业知识，培养其在多学科环境下合作与协同的能力。

2. 学生在项目中的角色

（1）团队协作

项目式学习中，学生将分工合作，各自承担不同的角色，共同完成项目。这有助于培养学生的团队协作意识和能力，提高他们在团队中使用英语进行有效沟通的能力。

（2）创新思维

在解决实际问题的过程中，学生需要运用创新思维，提出新颖的解决方案。这种创新思维的培养有助于学生更好地运用英语表达自己的观点和想法，提高他们在跨学科合作中的英语表达水平。

二、社会责任与综合素养的关系

（一）强调社会责任的重要性

1. 社会责任的定义与重要性

（1）社会责任的内涵

社会责任是指个体或组织对社会、环境产生的影响负有的道德和伦理义务。在新时代，社会责任已经成为企业和个人发展的不可或缺的一部分，体现了对社会和环境的积极关注。

（2）社会责任的重要性

强调社会责任对于培养学生的全面素养至关重要。通过参与社区服务、环保活动、志愿者工作等，学生将深刻理解英语在实践中的作用，同时培养他们对社会责任的认知和担当意识。

2. 将英语学习与社会责任结合

（1）参与社区服务

教育者应鼓励学生参与社区服务项目，通过与社区居民交流，了解他们的需求，同时运用英语为他们提供帮助，促进学生在实践中发展语言技能。

（2）环保活动与志愿者工作

组织学生参与环保活动和志愿者工作，通过这些活动，学生能够运用英语与不同文化背景的人进行交流，提高他们的跨文化沟通能力，同时通过实际行动践行社会责任。

（二）综合素养的培养

1. 综合素养的概念与内涵

（1）综合素养的全面性

综合素养是一个人在知识、技能、态度和价值观等多个方面全面发展的综合体现。这涵盖了多个层面，其中语言技能、跨学科能力和社会责任感是其重要组成部分。

首先，语言技能是综合素养中至关重要的一环。一个个体应具备流利的口头表达和书面表达能力，以有效沟通和交流。语言技能的全面提升涉及听、说、读、写各个方面，使个体能够在不同场合和背景下灵活运用语言，实现信息的准确传递。

其次，跨学科能力是综合素养的另一重要组成部分。现代社会对个体的要求日益趋向多元化，需要具备在不同学科领域中进行融会贯通的能力。培养跨学科思维，使个体能够在多学科背景下进行创新性思考和问题解决，是综合素养全面发展的关键。

最后，社会责任感也是综合素养的不可或缺的方面。培养学生对社会的关切和参与，使其具备为社会贡献的使命感。社会责任感的培养有助于形成积极的人际关系、建立团队协作的意识，并引导个体在各个层面的决策和行为中兼顾社会的可持续发展。

综合素养的全面性体现在语言技能、跨学科能力和社会责任感等多个方面。这种全面性的培养有助于个体更好地适应现代社会的复杂多变，成为具备广泛能力的综合型人才。因此，教育者应通过多样化的教学方法和课程设计，致力于培养学生在各个方面都能够全面发展的综合素养。

（2）综合素养的培养目标

综合素养的培养目标旨在通过全面发展学生的语言技能、跨学科能力和社会责任感，培养具备多方面素养的人才，使其更好地适应未来社会和职业的发展。

首先，语言技能的培养目标在于使学生具备高效的语言沟通能力。这包括流利的口头表达和清晰的书面表达，使学生能够在不同语境中有效地交流和表达思想。通过培养语言技能，学生将更自信、更灵活地运用英语，提高在各类社交和职业场合的表达水平。

其次，跨学科能力的培养目标旨在使学生具备在多学科领域中进行整合思考和创新的能力。教育者致力于培养学生超越学科边界、善于运用不同学科的知识和技能解决实际问题的能力。这种全面的学科素养将使学生更具竞争力，更容易适应快速发展的社会和工作环境。

最后，社会责任感的培养目标强调学生在个体发展的同时，关注社会和环境的可持续发展。培养学生对社会的责任感，鼓励其参与社会活动、关注社会问题，使其在职业生涯中能够以积极的态度履行社会责任，成为对社会有贡献的一员。

2.教学内容的选择和设计

（1）跨学科项目实践

跨学科项目实践是一种创新的教学方法，通过设计综合性项目，引导学生在解决实际问题的过程中融合不同学科的知识与技能。这样的实践不仅有助于培养学生的综合素养，还能够显著提高他们在团队中运用英语进行有效沟通的能力。

在跨学科项目实践中，学生不再局限于单一学科的知识框架，而是需要结合多个学科的视角与方法，共同解决现实中的综合性问题。

首先，通过项目实践，学生能够在实际场景中应用英语进行跨学科合作。这有助于提升他们在多学科背景下进行团队合作的能力，培养协同工作和集体解决问题的技能。

其次，跨学科项目实践强调团队协作，要求学生通过英语进行有效沟通。在团队中，学生需要用英语表达自己的观点、听取他人的建议，并共同制定解决方案。这种语言运用涉及项目计划、讨论、汇报等多个环节，从而促使学生更加自如地运用英语进行团队协作。

最后，跨学科项目实践为学生提供了一个全面发展的平台，要求他们综合运用语言技能、跨学科能力和团队合作技能。通过与其他学科的同学合作，学生能够增强对不同学科领域的理解，促使他们形成更为全面的知识结构。

（2）社会责任感的培养

社会责任感的培养是培养学生全面素养的重要组成部分。为了有效地实现这一目标，教育者可以采用多种手段，将社会责任感融入教学内容，通过案例分析、讨论等方式，引导学生思考并认识社会责任的重要性。同时，通过实践让学生亲身体验社会责任的实际影响，进一步深化其社会责任感。

在教学中，通过引入与社会责任相关的案例，可以帮助学生认识到个体行为与社会的相互影响。通过深入讨论，学生可以从多个角度审视社会责任的内涵，明白在各自领域如何履行社会责任。这有助于拓展学生的思维，使其更好地理解社会责任感的内涵和外延。

实践是培养社会责任感的重要途径之一。通过参与社区服务、环保活动、志愿者工作等实践，学生能够直接感受到自己的行为对社会产生的积极影响。这种亲身体验不仅有助于强化学生对社会责任的认知，还能够培养他们的社会情操和责任担当意识。

教育者在培养社会责任感时还需注重激发学生的内在动力。通过引导学生反思自身的人生价值观、道德观念，激发他们对社会问题的关注和解决愿望。同时，通过提供积极向上的榜样，如成功的社会企业家、公益人士等，鼓励学生在实际行动中践行社会责任。

第六章　高职英语创新教学方法与教学工具

第一节　利用科技手段促进英语教学

一、在线学习平台与资源开发

随着互联网的日渐普及，加之教育教学改革的不断深入，高校学生通过移动平台进行在线学习的比例逐渐增大，在各种在线学习平台百花齐放、各展风采。

（一）模块化在线学习内容

1. 课程整合与模块化设计

在线学习内容的模块化设计是一项关键工作。通过将各个单元的学习内容重新整合，形成独立的知识模块，有助于学生更系统地理解英语知识。例如，可以将不同单元的语法练习整合成一个语法模块，通过脑图工具展示语法知识的分布。同时，视频学习资料也可以按照主题重新归纳整理，增加注解和内容梗概，帮助学生更好地理解和记忆。

2. 融入脑图工具辅助学习

模块化教学方式可以借助脑图工具，将各个知识模块以图形化方式呈现，帮助学生厘清学习脉络。通过脑图，学生可以更直观地了解各个模块之间的关联，提高学习效率。

3. 提高在线学习资源的利用率

模块化教学使得在线学习资源的利用率最大化。学生可以有选择地学习特定模块，根据个体需求有针对性地深化学习，进一步提高对英语知识的掌握水平。

（二）在线学习内容中加入考核板块

1. 设计在线学习专属考核内容

为了弥补线上学习与线下课程难度落差的问题，教师可以在在线学习的某一阶段增加专门为在线学习设计的考核内容。这可以包括在线测验、小组项目评估等形式，有助于提高学生在线学习参与度和认知水平。

2. 促进学生对在线学习的深度参与

通过在线学习专属的考核内容，教师可以促使学生更深度地参与学习过程。这有助于提高学生在学习过程中的主动性，增加学习的深度和广度。

（三）制定适合在线学习的教学评价

1. 建立科学的在线学习评价标准

教学评价是在线学习过程中的关键环节。为了建立科学的在线学习评价标准，教师应根据教学目标，制定科学的评价体系，确保评价内容既全面又准确。

2. 利用学生访谈和问卷调查调整教学策略

教学评价不仅限于数字化数据，还应包括学生的主观感受。通过学生访谈和问卷调查，教师可以了解学生对在线学习的真实反馈，及时调整教学策略，提高在线学习的质量。

（四）建立在线学习督导机制

1. 结合在线和线下的综合督导

为了解决线上学习组织形式松散的问题，建立一套在线学习督导机制至关重要。结合在线和线下，通过平台提供的学习进度分析、排名等功能，实现对学生学习过程的综合督导。

2. 系统性督导评价在线学习情况

线下督导要形成系统性，对学生的在线学习情况进行阶段性的督导评价。通过分析学生的学习数据和参与情况，及时发现问题，为学生提供个性化的指导和支持。

二、基于人工智能技术的高职英语生态教学实践

（一）创设生态化教学环境

1. 物理环境的改善

在高职英语生态教学中，创设良好的物理环境至关重要。通过采取一系列措施，如缩小教学规模、改变课桌椅摆放方式、实施走班制和分层级教学，以及利用多屏展示系统等，可以改善物理教学环境，使其更适应英语生态教学的需要。

2. 信息化环境的应用

利用人工智能技术和信息化工具，建设智慧教室、智慧化教学实践系统、虚拟仿真平台等，为英语教学创设更为生动有趣的信息化教学环境。通过这些工具，教师能够更灵活地展示教学内容，激发学生的兴趣，促进多元英语生态教学环境

的形成。

（二）建立生态化师生关系

1.教师角色的多元化

在人工智能技术的影响下，教师角色不再局限于知识传授者，更应成为学生学习的陪伴者和督促者。通过多元化的教师角色定位，教师可以更好地关注学生的学习需求，鼓励和督促学生完成英语学习任务，建立和学生之间的积极互动。

2.学生自主学习的培养

学生在人工智能技术的支持下，不再是英语学习的被动接受者。他们能够在教师的指导下，利用信息技术和智能设备辅助学习，自主选择适合自己的学习策略，真正成为英语生态教学的主体。

（三）选择生态化教学内容

1.职场情境与工作任务的融合

为了培养高职学生的英语应用能力，教师应根据职场情境和工作任务选择生态化教学内容。借助人工智能技术提供的丰富教学资源，教师可以深度融合语言知识、文化知识、语篇类型、语言技能和语言策略，使教学内容更符合学生未来的工作需求。

2.与学生需求结合的教学内容

教师要将学生的职业需要与个人发展需求结合，根据学生的学习基础和兴趣选择生态化教学内容。及时更新教学内容，深度融合典型工作场景和典型工作任务，使英语教学与学生未来工作岗位和工作实践需求相结合。

（四）采用生态化教学方法

1.技术手段的应用

利用人工智能技术和信息技术改进教学方法，例如在英语教学中应用智慧教室、智慧化教学实时系统等工具。这些技术手段能够激发学生的学习兴趣，提高英语学习的参与度，为生态教学提供更灵活的手段。

2.教学组织形式的创新

创新教学组织形式，根据学生的学习基础和兴趣，选择合适的课堂组织形式和教学方法。通过人工智能技术收集学生的英语学习数据，动态调整教学策略，有针对性地指导学生开展英语学习。

（五）实施生态化教学评价

1. 实时监测和评价

利用人工智能技术实时监测英语教学全过程，包括学生的课堂讨论、情境操练、口语模仿等参与情况，通过数据分析评价学生的课堂表现。这有助于教师了解学生的学习状况，及时调整教学方法，提高英语教学效果。

2. 学生学习效果的科学评估

利用人工智能技术收集学生测试正确率、参与课后练习的情况与活跃度等数据，科学评价学生的英语学习效果。通过定量分析学生的表现，教师可以更准确地了解学生的学科掌握情况，为个性化教学提供支持。

3. 生态化评价体系的建立

在评价体系中，要合理确定学生个人自评、小组互评和教师评价的比重，鼓励学生积极参与课堂评价。通过建立生态化评价体系，学生不仅成为英语学习的参与者，还能成为学习效果的评价者，促使其更主动地参与英语学习过程。

4. 注重学生素养的培养

在评价过程中，不仅要关注学生的知识获取和能力提升，还要注重学生素养的培养。通过增值性评价，可以全面了解学生的学科核心素养、学习能力和学习品质等指标，为学生的全面发展提供支持。

通过以上生态化教学策略，基于人工智能技术的高职英语生态教学能够更好地适应学生的学习需求，提高英语学习的实效性和趣味性。生态化教学的实施不仅促进了英语教学与职业需求的结合，还推动了教育模式的创新和教学效果的提升。在这一过程中，人工智能技术成为促进高职英语生态教学的重要助力，为学生提供更为个性化和有效的英语学习体验。

第二节　游戏化教学与角色扮演

一、游戏元素在英语课堂中的融入

（一）游戏化教学理论的概念界定

游戏化教学是一种教学方法，其内涵在于将游戏作为传播知识的媒介，旨在通过引入游戏元素和设计教学活动，使学生在参与游戏的过程中获取知识、体验，全面提升其能力。该教学理论不仅关注知识传递，还强调学生在学习过程中的参与度和体验感，通过寓教于乐的方式激发学生的学习兴趣，提高学习效果。

与教育游戏相比，游戏化教学有其独特之处。教育游戏是一种专门设计用于教育目的的游戏，其本质仍然是游戏，但强调教育性和娱乐性的平衡。教育游戏通常以培养特定技能或知识为目标，通过游戏情境提供教育体验。而游戏化教学是一种更广泛的教学方法，将游戏元素和设计理念嵌入传统教学中，吸引学生的注意力，让学生全身心地参与学习，实现教育目标。在游戏化教学中，游戏不是教学的唯一形式，而是作为一种手段，通过激发学生的积极性和主动性，提高他们对学科内容的理解和掌握。

游戏化教学是一种注重创新的教学理论，其目标是以寓教于乐的方式激发学生学习的兴趣，使学习过程更加生动、有趣、参与度高。通过将游戏元素融入传统教学中，游戏化教学旨在打破传统教学的单一模式，提供更具互动性和趣味性的学习体验，从而更好地满足学生多样化的学习需求。

（二）游戏化教学在高职英语教学中的应用

1.利用各类学习软件辅助教学

（1）英语趣配音

英语趣配音是一款教学辅助软件，其在高职英语教学中发挥着重要作用。通过在课前发布主题任务，例如面试主题，教师能够激发学生的学习兴趣，让他们提前在 App 上搜索相关主题的视频进行配音练习。这种任务设计不仅为学生提供了实际的语境，而且通过学生的视频配音，可以在课堂上展示学生的实际表现，促进同学之间的交流与合作。在课堂上，播放学生的配音视频并进行投票选出最佳作品，不仅增加了课堂的趣味性，还可以通过评选的方式激发学生的竞争意识，从而达到更好的学习效果。此外，由于绝大多数配音素材为英文原版视频，学生通过反复倾听和模仿，不仅能够提升英语听力能力，还能够学习地道的英文表达方式，从而全面提高语言能力。

（2）超星学习通

超星学习通作为一种丰富的在线学习资源工具，在高职英语教学中具有显著的优势。教师可以通过该软件进行线上直播教学，同时结合线下教学，形成"线上＋线下"相结合的教学模式。以《体验式英语视听说写》为例，课前发布学习任务，学生可在 App 上自主进行预习，包括单词预习、视频浏览等。在课堂上，利用投屏互动功能将学生答题情况分享到智慧黑板上，提高课堂的互动性。超星学习通还提供了丰富的课后作业设置，教师可通过软件了解学生的答题情况、视频观看时长等数据，有助于更好地把握学生的学习进展。通过在学期结束后查看班级管理页面，教师还能够全面了解各班学生在整个学期内的任务完成情况，为后续的教学调整提供数据支持。

（3）百词斩

百词斩是一款专注于英语单词记忆的软件，是使高职英语学习有趣且有效的辅助工具。在英语学习中，单词是一大重点，而学生对于记忆单词的兴趣普遍不高。为了克服这一问题，教师可以借助百词斩的特点，通过图片联想、例句还原等方式，增加背诵单词的趣味性。在课前，教师可在百词斩中建立班级，发布每日学习任务，并要求学生完成后在班级群中分享。这种学生之间的互动和鼓励机制，能够使背单词不再是单调的任务，增加了学习的趣味性。此外，百词斩还提供了单词对战功能，通过竞赛的方式获得奖励，激发学生的胜负欲望，增强学生之间的竞争性，从而提高学习动力。

2. 开发适合英语课堂的游戏内容

（1）"Yes or No"游戏

"Yes or No"游戏是一种创新的英语课堂游戏，灵感来源于近期网络流行的"让天猫精灵猜人物"游戏。在这个游戏中，教师可以积极利用学生对公众人物的熟悉程度，激发学生学习英语的兴趣。首先，教师选择一个大家熟知的公众人物，如电影明星、政治人物等。然后，把学生分成小组，每个小组派代表向教师提出关于这一人物的问题，而教师只能回答"Yes"或"No"。学生可以使用各种语言知识，包括职业、家庭状况等进行提问，通过教师的回答最终确定这一公众人物的身份。在游戏过程中，学生不仅需要灵活运用英语提问，还需要通过对教师的回答进行推理和判断。此外，可以设置计分规则，鼓励学生竞争，增强游戏的趣味性。这种基于问答的游戏形式有助于锻炼学生的口语表达能力、逻辑思维能力，并使英语学习变得更具趣味性。

（2）"Act and Guess"游戏

"Act and Guess"游戏是一种与学科知识结合紧密的英语课堂游戏，旨在通过互动的方式巩固学生在每个单元学习中所掌握的单词和短语。该游戏的设置兼顾了单词学习和表达能力的训练。在每个单元结束后，教师以该单元的单词和短语为词库，通过 PPT 随机播放这些词汇。学生分成小组，每组安排两名学生，一名模仿者，一名猜词者。模仿者需要通过比画或用英文解释的方式表达屏幕上出现的单词，但不能说出单词本身。猜词者需要在规定的时间内准确说出所有屏幕上的单词。这种游戏能够激发学生对于词汇学习的兴趣，通过互动和竞争的形式增加学习的趣味性。同时，这也促使学生在游戏中巩固学科知识，提高单词的运用能力。整个游戏过程有助于培养学生的合作精神、表达技巧以及对英语学科的深入理解。

3. 充分利用现代化教学设施

随着社会经济的发展，绝大多数高职院校都配备了先进的多媒体设施，如多媒体教室、多功能语音室、体验式互动实训室和 AR 交互式实训室等。在英语教学中，教师可以充分发挥现代化教学设施的作用，将课堂打造成职场或生活场景的模拟环境。以《新编实用英语综合教程 2》" Unit 1 Accommodation"为例，教师可以巧妙运用设施，将讲台变身为酒店前台，智能黑板设计为酒店大堂的背景，让学生在这个场景中模拟前台工作人员和顾客进行对话练习。类似地，在旅游英语课堂上，学生戴上 VR 眼镜，通过导出景区的立体实景图，仿佛置身于实际景区中，体验导游的角色，这种沉浸式教学方式既丰富了学生的学习体验，也提升了他们对景区的熟悉度。

对于听力课程，语音室的设备和学生个人平板电脑的结合，为听写环节提供了更先进的条件。学生在这样的环境中，能够实时展示听写过程和书写准确率，为教师提供了更详尽的数据支持，有助于更精准地了解学生的听写水平，从而有针对性地进行后续的教学安排。这种先进设施的应用，不仅使得教学更具互动性和实践性，还让学生在学习中能够更加全面地发展听、说、读、写的语言技能。

然而，在充分利用现代化教学设施的同时，教师需要精心设计教学内容，使之更好地融入这些设施，为学生提供更丰富、有趣、贴近实际生活的学习体验。此外，差异化教学是关键，需要根据学生的学习程度和兴趣，合理设置不同难度和形式的任务，以确保每位学生都能在这样的现代化教学环境中受益。

4. 利用游戏化手段布置作业

学生在面对英语作业时常感到烦躁，尤其是传统的写作、背诵、翻译式作业容易让他们感到沉闷。为了改变这一现状，教师可以通过调整作业内容，引入更富有创意和趣味性的开放式任务，例如，可以要求学生拍摄相关主题的短视频，利用英语学习类 App 进行配音练习，或者参与单词闯关游戏。这样的开放性作业设计有助于激发学生的学习兴趣，使他们在完成任务的过程中更主动地参与到学习中。

此外，利用国外人文类视频分享和团队合作制作 PPT 等活动也是一种创新的作业形式。通过这样的任务，学生不仅能够了解国外的风土人情，还能提升团队协作的能力。团队合作制作 PPT 用英文讲解中国传统文化，既锻炼了学生的口头表达能力，又培养了他们对中国文化的自信心。这样的开放性作业不仅符合游戏化教学的理念，更使学生能够根据自己的兴趣和学习需求，自主选择或组队完成任务，从而更深入地理解知识，夯实记忆。通过这样的创新，英语作业不再是一项单调的任务，而是成为学生发挥创意和探索兴趣的平台。

5.科学设置教学评价与奖励

科学设置教学评价与奖励是确保游戏化教学顺利实施的关键环节，也是学生最为关注的部分。恰当运用教学评价与奖励，不仅可以有效激发学生的学习热情，提高他们的参与度，还有助于在游戏结束后对整个教学活动进行有效总结。

在进行教学评价时，可以采用多元化的评价方式，包括软件自带的评分系统、教师点评，以及学生自评和互评等。学生自评和互评的引入有助于促使学生进行深层次的学习反思，使他们更全面地了解自己的学习情况。整体的评价过程也可以成为促进学生之间交流、凝聚班级团队合作精神的机会。

奖励环节则应该设计多样化的方式，避免单一的奖励模式。在表扬表现优秀的小组时，教师要注意给予充分肯定，同时要在点评中指出存在的问题，进行有针对性的指导。在关注点评的同时，教师还应当对本节课的难点和重点进行总结，解决学生在学习过程中可能遇到的问题，及时更新教学内容，提高教学质量。

在教学活动结束后，教师应该对整个活动进行全面总结和反思。关注学生的参与度、活动中是否存在混乱等问题，采用问卷调查或面对面谈话的方式收集学生的反馈意见。这有助于教师了解教学效果，为未来的游戏化教学方案的设计提供科学依据。教学反思是教学质量提升的有效手段，通过及时总结和反思，教师能够更好地发现问题。

二、角色扮演对口语表达的促进

（一）高职英语教学角色扮演的理论基础

1.角色扮演在语言教学中的理论依据

角色扮演作为一种交际教学法，在英语教学中，尤其是在高职院校的英语课程中得到了广泛应用。其理论依据深植于社会交往理论和认知学派的基础之上，为学生提供了模拟真实社交场景的机会，旨在通过实践中的语言运用培养学生的语言交际能力。

社会交往理论强调语言学习是在社交互动中完成的。从这一理论角度看，角色扮演为学生创造了模拟真实社交场景的机会，使语言学习更贴近实际生活，更具实际性和可操作性。通过角色扮演，学生能够在虚构的情境中与同伴进行交流，模拟真实的社交环境，从而更好地理解和掌握语言的使用方式。这种社交互动的教学方式不仅能够提高学生的语言表达能力，还能够培养其在不同语境中的语言适应能力。

另外，认知学派强调学习者通过参与真实任务和情境来获取语言。角色扮演正是在这一理论框架下，为学生提供了参与真实任务的机会。通过扮演特定角色，学生需要在模拟的情境中运用所学语言，完成特定的任务，这有助于将学过的语言知识内化为实际运用的能力。通过在角色扮演中积极参与，学生能够在实践中感知语言的运用，从而更深刻地理解和记忆所学内容。

在高职院校的英语教学中，角色扮演不仅是一种提供语言实践机会的教学手段，更是一种促使学生在真实语境中运用所学语言的教育策略。通过角色扮演，学生能够在情境中真实地运用英语，促进语言的内化和应用。这种教学方法既符合社会交往理论强调的语言学习在社交互动中完成的理念，也与认知学派注重学习者通过实际任务和情境获取语言的观点相契合。因此，角色扮演作为一种理论基础扎实的交际教学法，为高职英语教学提供了有力的支持，对学生的语言交际能力的培养具有深远的意义。

2. 角色扮演对口语表达的促进机制

角色扮演作为一种促进高职英语口语表达的教学策略具有多重机制。

首先，通过模拟真实情境，学生在角色扮演中需扮演不同的角色，运用丰富的语言知识和技能进行实际交际。这种实际运用的过程有助于学生积累词汇、短语，提高语法运用能力，从而提高口语表达的流利度和准确性。角色扮演不仅仅是一种语言活动，更是一种语境交际的实践，通过在模拟情境中进行角色扮演，学生能够更深刻地理解和应用所学的语言知识。

其次，角色扮演强调情景语境，使学生更容易将学到的知识与实际情境相联系。这种联系有助于学生更好地理解和记忆语言知识，形成"知识—情境"的联结，提高口语表达的语感和地道性。通过扮演不同角色，学生需要适应不同的场景，从而在语境中更灵活地运用所学的语言，提高口语表达的质量。这种联系还能够帮助学生更好地理解语言的文化背景，提高他们的跨文化交际能力。

最后，角色扮演在一定程度上消除了学生在口语交际中的紧张感。因为他们是在模拟环境中进行语言互动，而不是直接与他人进行真实交谈。这种相对放松的氛围有助于学生更自信地表达自己，克服语言学习中的心理障碍，从而更积极主动地参与口语实践。角色扮演提供了一个相对低压的语言练习平台，使学生更愿意展示他们的语言技能，培养了他们的口语表达自信心。

3. 角色扮演与高职英语教学目标的契合性

高职院校的英语教学目标注重培养学生实际语言运用能力，旨在使他们能够胜任未来职业场景中的语言交际需求。在这一背景下，角色扮演作为一种强调实际场景的语言教学方法，与高职英语教学目标高度契合。通过角色扮演，学生有机会在模拟的职场和社交场景中学习和运用英语，从而全面提升他们的口语表达水平。

首先，角色扮演注重在真实场景中进行语言实践。高职院校的英语教学旨在培养学生具备实际语境中的沟通能力。通过扮演各种职业角色，学生不仅需要运用专业术语和表达方式，还需要适应不同职场环境的语言特点。这种实际场景中的语言实践有助于学生更加深入地理解和掌握英语，使他们能够更灵活地运用所学语言进行交际。

其次，角色扮演培养了学生解决实际问题和与他人协作的综合能力。在角色扮演的过程中，学生需要面对模拟的各种情境和挑战，与其他同学合作解决问题。这种合作与实际问题解决的过程，不仅促进了学生在语言方面的发展，还培养了他们在团队中协同工作、有效沟通的综合素质。这些能力对于未来职业场景中的成功沟通和团队协作至关重要。

最后，角色扮演有助于提高学生的自信心。在模拟的场景中，学生扮演不同的角色，展示他们所学的语言技能。这种展示不仅促使学生更自信地表达自己，还有助于克服语言学习中的紧张感。培养学生的自信心对于其未来进入职场后更加自如地运用英语至关重要。

（二）高职英语教学角色扮演的实践策略

1. 构建真实场景模拟

为了充分发挥角色扮演在英语教学中的有效性，教师应当致力于构建真实场景模拟，以确保学生在模拟中能够体验到真实情境，提高其语言交际能力。这需要教师深入了解相关行业特点，模拟实际职场环境，以确保角色扮演的贴切性和实际应用性。

首先，教师需要深入研究相关行业特点。了解不同行业的沟通方式、专业术语、工作流程等，有助于教师更好地构建贴合学生专业领域的角色扮演情境。例如，在商务英语课程中，教师可以模拟商务会议、谈判场景；在酒店管理专业英语课程中，可以设计酒店前台接待、客户服务等场景。通过深入了解行业特点，教师可以为学生创造更为真实、具体的角色扮演环境。

其次，模拟真实工作环境是构建真实场景模拟的重要一环。教师可以利用多媒体技术、虚拟实境技术等手段，将学生带入模拟的工作环境中。例如，通过虚拟实境技术，学生可以在模拟的酒店前台场景中与"客人"进行交流，提高其应对实际工作中的语言交际能力。这种模拟的真实感有助于学生更好地理解和运用所学的英语知识，使角色扮演更具实际应用意义。

最后，教师的设计应当使角色扮演更具体、更贴切。在角色扮演中，教师可以设定具体的任务、情境和对话内容，使学生更好地融入角色，感受到真实场景的挑战和压力。通过这样的设计，学生不仅能够提高语言交际能力，还能够培养解决实际问题的能力，增强其在专业领域中的实际应用水平。

2. 巧妙激发学生兴趣

巧妙激发学生兴趣是在角色扮演教学中取得成功的关键之一。为了使学生更积极参与、更主动投入角色扮演的学习活动，教师需要采用生动有趣的方式设计任务，创建富有挑战性和趣味性的情节，以及充分利用多媒体和互动性强的教学工具。

首先，教师可以通过设置具有挑战性和趣味性的情节，激发学生的主动性。例如，在商务英语课程中，可以设计模拟商业洽谈的场景，让学生扮演销售代表或客户，通过真实情境的模拟来提高学生在商务交际中的应对能力。这样的任务设计既具有挑战性，又能引起学生的兴趣，使其更乐于投入到学习中。

其次，教师可以利用多媒体和互动性强的教学工具，增加角色扮演的创意和趣味。通过引入图像、音频、视频等多媒体元素，可以使情境更加生动，给学生提供更直观、更具体的感知体验。同时，使用互动性强的教学工具，如在线角色扮演平台、虚拟实境技术等，可以让学生更深度地融入情境，增加互动性，提高学习的趣味性和吸引力。

在任务设计中，教师还可以考虑结合学生的兴趣爱好和实际应用，使角色扮演更具个性化。通过了解学生的兴趣，教师可以设计与学生关联紧密的情境，使学生更容易产生情感共鸣，提高他们的学习积极性。例如，如果学生对影视剧产生兴趣，可以设计与影视剧情节相关的角色扮演任务，让学生在模拟中体验语言运用的乐趣。

3. 个性化辅导与反馈

在高职院校进行角色扮演教学时，个性化辅助与反馈是确保学生学科表达水平提高的重要环节。考虑到高职学生拥有不同的专业背景和学科特点，教师在设计角色扮演任务时应注重个性化辅导。通过深入了解学生的专业特长和兴趣爱好，教师能够有针对性地制定角色扮演任务，确保每位学生都能在学科知识和实际应用方面找到与自身相关的契合点。这种差异化的设计能够更好地激发学生的学习兴趣，使角色扮演更具实际意义。

个性化的反馈机制同样至关重要。教师在角色扮演任务的过程中，可以采用一对一或小组反馈的形式，为学生提供个性化的指导。通过及时而具体的反馈，教师可以指导学生改进表达方式，纠正语言错误，帮助他们更好地理解和应用英语知识。这种个性化的反馈不仅有助于学生个体能力的提升，还能够增加他们对角色扮演的参与度和投入感。学生在得到个性化的指导后，能够更清晰地认识到自身在英语表达方面的不足，并在教师的引导下逐步改进，提高自身的表达水平。

此外，教师还可以利用技术手段，如语音评测系统、在线平台等，为学生提供更为细致入微的个性化反馈。通过这些工具，教师能够更全面地了解学生的口语表达能力，为其提供量化的评估和精准的建议。这种技术支持的个性化反馈不仅可以提高教学效率，还有助于学生更有针对性地改进语言技能。

第三节　多媒体教学资源的开发与利用

信息化背景下，将多媒体技术融入高职英语教学中已成为必然趋势。多媒体教学带给教师及学生全新的课堂氛围，有效提高了教学效果。

一、多媒体教学特点

首先，多媒体教学的突出特点之一是其丰富的表现形式。通过整合图片、图像、视频、声音等多种传播媒体，多媒体教学呈现出图文并茂、动静相宜的特色。这种多元化的表现形式极大地丰富了教学内容的呈现方式，使得学生在学习过程中能够通过视觉、听觉等多种感官获得信息。与传统教学相比，多媒体教学更具有吸引力和感染力，能够激发学生的学习兴趣，提高学习的主动性。

其次，多媒体教学的灵活性是其显著特征之一。多媒体技术的应用使得教师可以根据教学内容的需要随时调整呈现方式，创造出更加灵活、个性化的教学环境。通过音频、视频的加入，教学内容可以更生动地呈现，同时，教师可以根据学生的学习进度和反馈及时调整教学方向，实现差异化教学。这种灵活性不仅使教学更符合学生的学习需求，也提高了教学的效果和效率。

再次，多媒体教学具备交互性。互联网技术的发展为多媒体教学提供了丰富的交互手段，使学生能够更积极地参与到教学过程中。通过在多媒体教学中引入互动元素，如在线测验、讨论区等，学生可以随时与教师、同学进行交流互动，分享学习心得，解决疑惑。这种交互性不仅促进了学生与学生之间的合作与交流，也增强了师生之间的互动，使教学更加灵活和具有社交性。

最后，多媒体教学的全方位性是其重要特征之一。多媒体教学不仅仅关注知识的传递，更注重在多个层面上呈现教学内容。通过融入声音、图像、视频等元素，学生可以在听觉、视觉等多个方面全方位地感知和理解知识。这种全方位性有助于学生深化对知识的认知，使学习更为全面和立体。同时，多媒体教学还能够创造更具趣味性和启发性的学习环境，提高学生的学习动机，培养其主动学习的能力。

多媒体教学以其丰富的表现形式、灵活的教学方式、交互性和全方位性的特征，在英语教育中展现出显著的优势。通过充分发挥多媒体技术的作用，教育者能够更好地满足学生的学习需求，提高英语教学的效果和质量。

二、多媒体技术在高职英语教学中的作用

首先，多媒体技术在高职英语教学中的应用对于提高学生专业技能和应用能力具有显著的作用。在高职院校，学生所学专业技能是其未来就业的关键。传统的教学方式难以全面地满足学生对专业知识的需求，而多媒体技术能够通过图文并茂、动静相宜的方式，将专业知识以更生动、直观的形式呈现给学生。通过多媒体展示实例、案例、操作过程等，学生能够更深刻地理解专业知识，并在实际操作中逐步积累经验。这种实用性的教学方式有助于培养学生的实际动手能力，使其在毕业后能够更好地适应职场需求，提高就业竞争力。

其次，多媒体技术的引入有助于打破传统教学的时空限制，提高学生的学习灵活性和主动性。在传统的教学中，学生需要依赖课堂上的口头讲解和纸质教材，受到了时间和地点的限制。而多媒体技术通过在线学习、视频教程等方式，使学生能够随时随地获取教学资源。这不仅为学生提供了更为灵活的学习时间，还使得学生能够根据自身学习进度和需求选择学习内容，更好地实现个性化学习。同时，多媒体技术的交互性也使得学生能够参与到学习过程中，通过在线讨论、问题解答等形式主动参与，提高了学习的主动性和深度。

最后，多媒体技术的运用促进了高职院校教学模式的创新与改革。高职院校的特点是以应用性为主导，强调学生实际操作和实践能力的培养。多媒体技术的引入不仅为教学提供了更为生动直观的展示方式，还为教师提供了更多教学资源和工具。教师可以更灵活地设计课程内容，结合多媒体技术打破传统的教学框架，采用案例教学、项目实践等形式，使学生在实际操作中更好地理解和运用所学知

识。通过与行业实际结合，多媒体技术为高职院校的教学创新提供了更多可能性，促进了教学质量的提高。

三、多媒体技术在高职英语教学中有效应用的策略

（一）营造轻松课堂氛围，激发学生学习兴趣

1. 创设多彩教学氛围

利用多媒体技术，教师可设计生动活泼的教学内容，吸引学生的好奇心和求知欲。通过多样化的呈现方式，如图像、视频等，创造出丰富的课堂氛围，使学生更加积极主动地参与学习。

（1）利用多媒体展现人物关系

在英语教学中，通过制作人物关系图像，教师可以让学生更直观地理解故事情节，提高学生对文章主线的把握能力。通过图标指引，学生可以更迅速地复述文章内容，加深对知识的理解，同时培养口语表达能力。

（2）多媒体技术导入新课

利用多媒体技术在课堂开始阶段导入新课，为学生提供丰富的英语内容想象空间。这有助于激发学生对学习的欲望，使整个课堂更具吸引力，为后续教学打下良好基础。

2. 提高学生互动

借助多媒体技术，教师可以巧妙设计互动环节，从而激发学生更强烈的学习兴趣，提高他们的学习效果。其中，课堂小游戏和在线讨论等方式成为促进学生互动的有效手段。通过这些设计，学生能够在轻松的氛围中更积极地参与，加深对知识的理解，并培养团队协作和交流能力。

在多媒体支持下，教师可以引入课堂小游戏，为学生提供一种寓教于乐的学习方式。这类小游戏旨在通过趣味性的互动环节，激发学生学习兴趣，使学习过程更加生动有趣。例如，可以设计英语单词拼图游戏或知识竞答，让学生在游戏中进行知识的巩固和拓展。这样的活动不仅使学生在参与中感受到学习的乐趣，还通过竞争和合作培养了他们的团队协作和竞争意识。

另外，借助在线讨论等形式，教师可以创设一个开放的学习空间，促使学生进行思想碰撞和知识分享。通过多媒体技术，教师可以在虚拟平台上设置主题讨论、问题互动等环节，引导学生展开深入的学科探讨。在线讨论不仅能够让学生在思考问题的过程中产生更多的启发和理解，还培养了他们对多元观点的接纳和表达能力。这种交流和互动的形式为学生提供了更广泛的学习资源，同时也拓展

了课堂教学的维度。

因此，通过多媒体技术设计互动环节，不仅可以提高学生的学习积极性，还有助于培养他们的团队协作和交流能力。这样的教学策略不仅更贴近学生的学习习惯，也为教育教学提供了更为灵活和富有创意的可能性。在构建这种互动式学习氛围的同时，教育者能够更好地引导学生形成批判性思维和自主学习的能力，从而全面提升学生的综合素养。

（二）强化记忆，提高学生学习信心

1. 全方位调动学生感官

词汇背诵是英语学习中的难点，通过多媒体技术，教师可以全方位调动学生的感官，提高背诵效果。结合声音、图像、视频等多媒体元素，使学生更全面地理解和记忆单词。

（1）利用声音强化记忆

通过播放单词发音，让学生通过听觉更好地记忆单词，提高发音准确性。同时，可以结合图片展示单词的实际场景，增加视觉印象，强化记忆效果。

（2）制作互动学习视频

利用多媒体技术制作互动学习视频，让学生在观看中参与，提高学习的趣味性。通过视频呈现实际语境，帮助学生更好地理解和记忆单词的用法和搭配。

2. 激发学生学习兴趣

为激发学生对英语学习的兴趣，教育者可以通过设计充满趣味性的多媒体教学内容，创造愉悦的学习氛围，从而更容易引发学生的学习动力。在这个过程中，多媒体技术的运用尤为关键，其中包括制作生动有趣的教学动画以及利用虚拟实境技术，为学生提供沉浸式的学习体验。

首先，教师可以借助多媒体技术制作富有创意和趣味性的教学动画。这些动画通过图文并茂、情节生动的方式，旨在让学生轻松理解和记忆英语知识，从而激发他们对学习的兴趣。通过在动画中融入轻松幽默的元素，教师能够更好地吸引学生的注意力，使学习变得更加生动有趣。这样的教学方法不仅提高了学生的学习兴趣，还有助于培养他们对英语知识的深层次理解。

其次，结合虚拟实境技术，创造虚拟英语学习场景是另一种激发学生兴趣的策略。通过这种沉浸式的学习体验，学生仿佛置身于英语语境之中，能够更加真实地感受到语言的应用场景。这种情境化的学习方法有助于提高学生对英语学习的投入感，增加他们对学习的乐趣。通过在虚拟场景中设计有趣且实用的学习任务，学生能够更主动地参与学习过程，从而提升学习动力。

（三）增进人机对话，突破教学难点

1. 强调个性化教学

强调个性化教学是在计算机和多媒体技术的支持下，教育领域迎来的一项重大创新。通过充分利用这些技术，教师能够实现个性化教学，以更好地满足学生独特的学习需求。多媒体技术的引入为创造丰富、灵活的学习环境提供了可能性，使教学变得更加灵活和适应性强。在这个过程中，学生可以根据自身的学习进度和水平，制订个性化的学习计划，而教师则扮演着引导者和支持者的角色，提供必要的指导和反馈。

个性化教学的关键在于提供多样化的学习资源，以便学生能够选择最适合自己的学习方式。多媒体技术通过图像、声音、视频等元素，为学生呈现丰富的教育内容，激发他们的学习兴趣。通过使用虚拟实境技术，学生可以沉浸在模拟的学习场景中，更好地理解和应用知识。这种个性化的学习资源不仅使学习更加生动有趣，还能够更好地满足不同学生的学习风格和偏好。

在制订个性化学习计划的过程中，教师起到了重要的引导和监督作用。通过对学生学习进度的实时跟踪和评估，教师可以为学生提供及时的反馈，帮助他们更好地理解和掌握知识。这种实时的反馈机制有助于调整学习计划，使其更加贴近学生的实际情况。教师还可以通过多媒体技术提供个性化的辅导资源，帮助学生解决在学习过程中遇到的困难，促使他们更愿意学习。

个性化教学的实施旨在培养学生更积极主动的学习态度，激发其学习兴趣和动力。通过自主选择学习内容和学习方式，学生更容易保持专注，提高学习效果。个性化教学不仅关注学科知识的传递，更注重培养学生的学习能力、创新能力和解决问题的能力。这种教学模式的引入使学生从被动的接受者转变为积极的合作者，促使他们更好地适应未来社会的变革和挑战。

2. 提高学生与机器的交互能力

通过人机对话，教师可以促进学生更深层次地与计算机互动，从而提高其学习效率，并培养与技术的良好互动关系。这种互动模式可以通过以下两个方面的实践来实现。

首先，利用语音识别技术进行口语训练是提高学生口语表达能力的重要途径。通过这一技术，学生可以进行更为真实和实时的口语练习。系统能够及时识别学生的发音准确性，并提供即时反馈，帮助学生纠正发音错误，指导其更准确地表达。这种交互式的口语训练不仅提高了学生的语音技能，还激发了他们对口语表达的自信心，促进了语言学习的积极性。通过与语音识别技术的互动，学生可以

在虚拟环境中进行高效的口语训练，极大地提升了口语表达水平。

其次，鼓励学生参与制作多媒体作品是培养学生与技术互动的另一途径。通过使用多媒体技术，学生可以制作各种英语学习作品，如视频、演讲稿等。这种参与式的学习方式不仅使学生在实践中运用所学知识，还激发了他们对多媒体技术的兴趣。通过参与制作，学生不仅能够更深入地理解和应用英语知识，还培养了他们的创造力和表达能力。制作多媒体作品不仅仅是对知识的呈现，更是学生与技术互动的过程，使他们在实践中更好地融入数字化学习环境。

通过语音识别技术进行口语训练和鼓励学生制作多媒体作品，可以有效提高学生与技术的交互能力。这种互动方式不仅促进了学生在语言学习中的深度参与，还培养了他们与技术紧密合作的能力，为未来的学习和职业发展奠定了坚实的基础。

3. 创造虚拟学习环境

引入虚拟学习环境，通过人机对话的形式，帮助学生突破传统教学的束缚。这种创新的教学方式可以使学生更灵活地进行学习，同时激发他们对英语学习的主动性。

（1）利用虚拟实境进行模拟对话

借助虚拟实境技术进行模拟对话场景是一种创新的英语教学方法，该方法融合了现代技术和语言学习，为学生提供了一种沉浸式的学习体验。教师可以通过以下方式有效地运用虚拟实境技术，设计并实施具有真实感的英语对话练习。

首先，通过虚拟实境技术，教师可以创建各种真实的语境和场景，模拟不同社交情境下的英语对话。例如，可以设计商务洽谈、旅行咨询、日常交往等场景，使学生在虚拟环境中面对各种实际交流挑战。这样的模拟对话场景能够帮助学生更好地适应各类语言环境，提高他们的语言应对能力。

其次，虚拟实境技术可以创造出逼真的人物形象，学生可以与虚拟人物进行对话互动。这样的互动性使学生能够在模拟对话中实际运用所学的语言知识，同时感受到真实对话的紧张和流畅。通过与虚拟人物的对话，学生不仅能够提高口语表达能力，还能够培养应对实际交流挑战的信心。

最后，虚拟实境技术还可以提供即时的语言反馈。系统可以分析学生的语言表达，给予准确的语法、发音等方面的建议。这种个性化的反馈有助于学生及时纠正错误，改进口语表达，从而提高语言水平。

结合虚拟实境技术进行模拟对话场景是一种创新而高效的英语教学手段。这种方法不仅使学生在虚拟环境中获得真实感十足的对话体验，还能够提高他们的语言应对能力，培养自信心。这对于英语教学的个性化和互动性提出了全新的可能性，为未来语言教育的发展开辟了新的道路。

（2）提供在线学习资源

通过充分利用多媒体技术，教师能够构建出丰富多彩的在线学习资源，为英语学习者提供更具吸引力和互动性的学习体验。这种教学模式的优势在于其能够满足学生个性化的学习需求，促使其更主动地参与学习，进而提高学习效果。

首先，英语学习平台是多媒体技术应用的重要组成部分。通过建设在线学习平台，教师可以将各种学习资源整合在一个统一的网络环境中，包括但不限于教学视频、互动课件、在线测验等。这样的平台为学生提供了随时随地获取学习资源的便利，有助于他们根据个体差异和学习进度自主选择学习内容，实现个性化学习。

其次，互动课程是在线学习资源的关键形式之一。通过多媒体技术，教师可以设计生动有趣的互动教学内容，包括虚拟实验、模拟对话、在线讨论等。这样的课程设计能够激发学生的学习兴趣，提高学习动力，同时，通过互动形式促进同学之间的合作与交流，使学习过程更加富有趣味性和社交性。

最后，教师还可以通过多媒体技术开发各类在线学习工具，如语音识别软件、在线辅助练习系统等。这些工具能够为学生提供实时的学习反馈，帮助其纠正发音错误、巩固语法知识，实现更为个性化的学习指导。

通过构建丰富的在线学习资源，多媒体技术为英语教学提供了全新的可能性。这种个性化、互动性强的学习方式有望更好地满足学生的学习需求，提高英语学习效果，同时也为教师创新教学方法提供了广阔的空间。这一趋势将对未来教育模式和英语学习体系的发展产生深远而积极的影响。

四、多媒体技术在高职英语教学应用过程中应注意的问题

基于多媒体技术在英语教学过程中取得了良好的效果，但作为辅助教学手段，虽具有很强的优势，但也存在一定问题。教师在教学中应科学、合理地运用多媒体技术，不能盲目追求形式滥用多媒体技术，否则会适得其反，达不到预期的教学效果。

（一）避免多媒体成为学生与教师的交流屏障

1. 多媒体技术的过度使用

在英语教学中，尽管多媒体技术的广泛应用为教学带来了很多便利，但其过度使用可能带来一些潜在问题，尤其是在学生与教师之间的交流方面。多媒体技术在课堂中的过度使用通常表现为教师过分依赖计算机和长时间注视屏幕，从而导致其与学生的直接互动减少。

这种教学模式的一个显著问题是，它可能破坏了课堂的互动氛围。当教师过于专注于多媒体设备，将大部分时间花费在对屏幕上的知识进行解释时，学生可能感到被忽视，课堂变得缺乏真正的师生互动。这对于语言教学来说尤为重要，因为语言学习强调语境中的实际交流和互动。当学生无法积极参与讨论或提问时，他们的语言能力和表达能力的培养可能会受到阻碍。

教师在运用多媒体技术时需要注意平衡，确保技术的使用不会成为学生与教师之间的交流障碍。一种有效的方法是在多媒体呈现的内容之间穿插与学生的面对面互动。例如，教师可以设计课堂活动，鼓励学生参与讨论、提出问题或进行小组合作。此外，教师可以灵活运用多媒体技术，将其作为辅助工具，而不是主导教学的手段，以确保课堂仍然保持丰富的师生互动。

在教学实践中，教师还应该关注学生对多媒体内容的接受情况。及时收集学生的反馈意见，了解哪些多媒体元素对他们更具吸引力和帮助，以便更好地调整和优化教学设计。通过在技术和人际互动之间取得平衡，教师可以更好地发挥多媒体技术的优势，提升英语教学的效果。这种综合性的教学方式有望促进学生更全面地参与学习，从而更好地掌握英语语言技能。

2. 机械化知识传递

多媒体教学在一些情况下存在机械化知识传递的倾向，这导致了教学过程的单向性，削弱了学生与教师之间的互动性。在这种教学模式中，教师往往通过多媒体设备向学生传递信息，而学生则被动地接受这些信息，难以展开深入的讨论和提问。这种机械式的知识传递可能导致学生对课堂失去兴趣，也减弱了他们与教师之间的情感互动。

为了避免这一问题，教师在设计多媒体教学内容时应当注重互动性。这意味着教师需要创造一个能够激发学生思考、提出问题并参与讨论的教学环境。在多媒体呈现知识的同时，教师可以设计一系列引导性问题，鼓励学生思考和表达观点。通过这样的互动方式，学生不仅仅是接受信息，更是积极地参与到知识的构建过程中。

另外，教师还可以采用一些互动性强的多媒体教学工具，如在线投票系统、互动白板等，促进学生在课堂中的积极参与。这些工具可以用于提出问题、收集学生的回答，从而形成实时的互动反馈。这种双向的互动性不仅可以提高学生对课程内容的理解和记忆，也有助于激发他们对学习的兴趣。

3. 技术过于复杂

在使用多媒体技术进行教学时，过于复杂的技术应用可能产生一系列问题，影响学生与教师之间的有效交流。首先，如果教师选择了技术过于复杂的工具，学生可能感到困扰，因为他们可能对这些工具不够熟悉。这可能导致学生分散注意力，将更多关注放在技术使用上，而非课程内容。这种情况下，技术反而成为学习的障碍，降低了教学的效果。

其次，学生对复杂技术工具的不熟悉也可能引发技术故障，进而影响到教学的正常进行。技术故障可能导致课堂流程的中断，让学生在不稳定的技术环境中难以集中注意力，降低了学习体验。

为了解决这一问题，教师在整合多媒体技术时应当选择简单易用的工具。这些工具不仅能够提供必要的技术支持，还能够在不分散学生注意力的前提下完成教学目标。此外，教师还应提供必要的培训，确保学生能够轻松理解和使用这些技术。培训内容可以包括技术工具的基本操作，故障排除方法等，以帮助学生更好地应对技术挑战。

通过选择简单易用的多媒体技术工具，并提供相关培训，教师可以确保技术的使用不成为学生与教师之间有效交流的障碍。这有助于维持良好的学习氛围，提高学生对课程内容的关注度，进而提升教学效果。

（二）注意课堂节奏与信息量的把控

1. 多媒体教学的快速进度

在运用多媒体技术进行英语教学时，教师需审慎控制课堂进度，以避免信息传递过快，导致学生无法跟上教学步伐。尽管多媒体教学能够提供更为生动和直观的学习资源，但这也带来了一个潜在问题，即过快的教学进度。多媒体教学所呈现的图文丰富、生动活泼的内容可能使得教学节奏相对较快，特别是在英语学习这类需要逐步理解和掌握的学科中。

过快的教学进度可能会让学生产生焦虑，尤其是对于那些学习水平相对较慢或需要更多时间深入理解的学生而言。这种焦虑可能阻碍学生对新知识的有效吸收和理解。因此，在设计教学计划时，教师需要根据学生的学习水平、理解能力以及个体差异来合理安排多媒体教学内容。

教师可以通过巧妙地组织教学材料、设立适当的学习任务和引导学生进行讨论，以帮助学生更好地理解和吸收知识。灵活运用多媒体资源，根据学生的反馈和理解情况进行调整，使教学过程更符合学生的学习需求。通过这样的方式，教师能够确保多媒体教学在提供生动体验的同时，不影响学生的理解深度，进而提高整体的学习效果。

因此，综合考虑学生的差异性和教学内容的复杂性，教师应当在多媒体教学中精心设计教学计划，以平衡生动性和深度，创造一个既活跃又有深度的学习环境，确保每位学生都能够在适宜的节奏下有效学习。

2. 信息量过大对学生学习的影响

信息量过大可能对学生的学习产生负面影响，因此，在多媒体教学中，教师应当审慎控制每个教学单元中的信息量，以确保学生能够更有效地理解和吸收知识。多媒体教学通过图文并茂、音视频等方式呈现丰富的信息，为学生提供了直观、生动的学习资源。然而，当信息量过大时，学生可能会感到压力，难以有效地处理和消化这些信息。

对于学生而言，过大的信息量可能导致学习效果的下降。学生需要一定的时间和认知资源来理解和吸收新的知识，而过多的信息可能使学生感到不知所措，从而降低其对英语知识的理解深度。教师应该认识到这一点，并在教学设计中注重信息的适度和合理。

在多媒体教学中，教师可以通过精心设计教学材料，将信息分解成适当的单元，避免在短时间内向学生传递过多的信息。教师还可以采用分层递进的教学方式，逐步引导学生深入理解和掌握知识。通过合理的信息组织和呈现，教师可以提供有针对性的学习体验，帮助学生更好地应对信息量的挑战。

3. 合理利用课堂剩余时间

在多媒体教学中，合理利用课堂剩余时间是教师提高学生学习效果的关键一环。当课堂讲授结束出现剩余时间时，教师应善于巧妙运用这段时间，而不是匆忙添加新的教学内容。这一时间段可以被充分利用来巩固学生对英语知识的理解，提高知识的记忆和应用能力。

通过对已学知识的回顾和练习，教师可以帮助学生巩固在课堂上获取的信息，使之更牢固地嵌入他们的长时记忆中。这有助于提高学生对英语知识的持久记忆，并在实际应用中更加熟练地运用所学内容。此外，通过练习，学生可以发现并弥补知识的漏洞，提高对知识点的理解深度。

在这个过程中，教师还可以进行及时的个性化反馈。通过观察学生的练习表现，教师可以了解每位学生的学习情况，指导他们改进表达方式、纠正语言错误。这种个性化的反馈有助于学生更有针对性地提升自己的英语表达水平，加深对知识的理解。

此外，教师还可以鼓励学生在这个时间段内进行自主学习。提供额外的学习资源，引导学生进一步拓展知识，加深对特定主题的了解。这样的自主学习机会有助于激发学生的学习兴趣，培养他们主动探究的学习态度。

第七章　实践案例与经验分享

第一节　成功的高职英语教学案例

案例以 POA 理论为指导，围绕驱动、促成和评价三个环节，以单元为教学案例设计并开展教学活动，以产出目标统领教学全过程，帮助学生顺利完成产出任务，从而为高职英语教师优化教学设计提供参考。

一、POA理论体系

POA（Problematization-Oriented Approach）理论体系由教学理念、教学假设、教学流程三个部分构成。教学理念是 POA 理论体系的指导思想，教学假设是教学流程的理论支撑，教学流程是教学理念和教学假设的实现方式。POA 教学中师生责任明确，即教师主导、师生共建。

（一）教学理念

1. 学习中心说

POA 教学理念的核心之一是学习中心说，强调所有教学活动的目的在于促使学生的学习发生。教学环节的设计必须以学生是否真正掌握知识为衡量标准，注重学习结果。这一理念体现了教学的目标导向，倡导以学生为中心的教学方式。

2. 学用一体说

学用一体说在 POA 教学理念中是一个重要概念，将学习和语言运用紧密结合。输入型学习和产出性语言运用相互对接，避免了传统语言学习中"学用分离"的问题。教学旨在使学生既能吸收新知识，又能灵活运用语言进行有效沟通。

3. 文化交流说和关键能力说

文化交流说强调深化学生对多元文化的理解，培养跨文化交际能力。关键能力说提出在复杂境况下解决问题的能力培养，包括迁移、学习和合作能力等。这两个理念凸显了 POA 教学旨在培养学生综合素养，使其能够在真实场景中运用英语进行有效地交流。

（二）教学假设

1. 输出驱动假设

在 POA 教学理论的框架中，输出驱动假设是一项核心概念，强调语言输出在语言习得过程中的关键作用。该假设认为，学生通过实际的语言产出任务，即对知识的应用和表达，能够更有效地推动语言习得的进程。在这一假设中，输出并不仅仅是对语言知识的机械运用，更是一种激发学生学习内在动机的机制。

输出驱动假设的核心思想在于，当学生面临产出任务时，尤其是在实际情境中需要运用所学语言进行交际时，他们会自觉地感知到自身语言运用的能力和不足之处。这种意识的产生，进而激发了学习的内在动机，使学生更加积极主动地参与到语言习得的过程中。学生在实际应用中对产出任务的需求，能够引导他们有目的地去学习、去弥补知识的不足，从而更深层次地理解和掌握相关语言知识。

这一假设的实质在于，语言习得并不仅仅是对知识点的被动接收和记忆，而是通过实际语言的输出，使学生在实际应用中逐渐形成对语言的认知、理解和掌握。当学生意识到在特定语境中自己的语言运用能力不足以完成任务时，他们就会更加关注、主动地去学习相关知识，以提升自己在语言产出中的表达能力。

输出驱动假设的实践意义在于打破传统语言教学中被动接受知识的模式，转向注重学生实际应用能力的培养。通过设立具有实际应用背景的产出任务，教师能够激发学生的学习兴趣，使他们更深入地参与到语言学习的过程中。这种以学生为中心的输出驱动教学模式，强调了语言在真实交际中的功能，为学生提供了更贴近实际生活和职业需求的语言学习体验。

2. 输入促成假设

在 POA 教学理论框架中，输入促成假设是一个关键性的理念，强调在激发学生学习动机后，教师有责任为学生提供有助于完成产出任务的紧密衔接的输入材料。这一假设的出发点在于认识到，学生在产出任务前需要获得一定的语言输入，以便更好地理解任务要求、掌握相应的语言表达方式，从而更成功地完成产出行为。

输入促成假设关注于输入和输出环节的密切联系，旨在建立一个有机的教学桥梁，使学生能够在接触输入材料的基础上更好地完成产出任务。首先，教师需要根据产出任务的性质和目标，选择合适的输入材料，确保其与任务要求紧密契合。这可以包括提供相关主题的文章、视频、图片等多媒体资源，使学生在输入阶段能够感知到产出任务的背景、情境和需求。

在输入促成假设中，教师不仅要提供足够的语言输入，还需要设计一系列的教学活动，引导学生深入理解输入材料，提取相关语言知识，并将其应用到产出任务中。这可能涉及词汇、语法、句型等方面的学习，以确保学生在产出环节具备必要的语言素材。同时，教师还可以通过互动式的讨论、角色扮演、小组合作等方式，激发学生的学习兴趣，增强他们对语言输入的关注和理解。

在实际教学中，输入促成假设不仅关注教师的教学设计，更要求教师根据学生的反馈和表现及时调整输入材料和教学方法，确保学生在产出任务的过程中得到充分的支持和指导。通过密切连接输入和输出环节，教师可以最大限度地促使学生有效地完成产出行为，提高语言学习的深度和广度。

3. 选择性学习假设和以评为学假设

选择性学习假设和以评为学假设是 POA 教学理论中两个关键性的假设，它们在教学过程中共同体现了对于差异化学习、评价促动和个性化教学的关注。这两个假设的共同目标是通过有效的教学和评价机制，激发学生更深入地参与学习、更有目的地选择学习内容，以推动学生的整体语言发展。

选择性学习假设突出了教师在教学中应有意识地筛选服务于产出任务的内容。在 POA 教学中，产出任务是学生在语言学习中的核心目标，因此，教师需要有针对性地为学生提供相关且具有挑战性的学习内容，以促使学生更好地完成产出任务。这包括在输入环节中选择能够激发学生学习兴趣、提供足够语言素材的材料，以及在促成环节中有意识地引导学生关注和学习与产出任务相关的语言知识。选择性学习假设体现了对学生差异化学习需求的敏感性，强调了个性化教学的必要性。

以评为学假设则强调了在学习过程中评价的关键作用。在 POA 教学理论中，评价不仅仅是对学生产出的简单衡量，更是一个促进学生学习、发现不足并进行修正的机制。通过将评价与教学和学习紧密结合，以评为学假设体现了一个动态的教学模式，教师在评价的过程中能够及时发现学生的不足，提供有针对性的反馈，并帮助学生进行补充性学习。这种紧密结合的评价机制能够促使学生更主动地参与学习，形成自我监控和自我调整的学习能力。

这两个假设在 POA 教学中相辅相成，共同构建了一个注重学生个体差异、关注学习动机、促进自主学习的教学体系。选择性学习假设为教师提供了指导，使其能够更有针对性地设计教学内容，满足学生的选择性学习需求；而以评为学假设则通过评价机制，帮助教师更好地了解学生的学习状况，促使学生更有目的地参与学习、更积极地面对和解决问题。这一整合的理念有助于形成一个更为灵活、有机的教学体系，更好地适应学生的个体差异和学科发展的需要。

（三）教学流程

1. 驱动、促成和评价的循环

POA 教学流程的设计体现了一个动态、有机的教学循环，由驱动、促成和评价三个环节组成，这三者之间相互联系、逻辑上层层递进，构建了一个有效而紧密的教学体系。

在 POA 教学流程中，首先是"驱动"环节，它通过呈现产出场景、激发学生兴趣和学习动机，使学生认识到自身能力有待提高，从而产生更强烈的学习内驱力。产出总目标被细化为多个产出子目标，形成一个"外部大循环"。这一设计旨在强调对学生在整个学习过程中的目标感知和学习驱动力的激发。学生通过对产出场景的理解和对任务的思考，形成对学习目标的内在需求，促使学习的内在动机不断升温。

其次是"促成"环节，教师在这个环节中通过设计一系列的促成活动，帮助学生逐步实现产出目标。产出子目标在这个环节内形成一个"内部小循环"。教师为学生选择合适的输入材料，引导学生完成产出任务，使学生在任务的逐步完成中逐渐掌握所需语言知识和技能。这个环节旨在对产出目标的实现过程提供支持，确保学生能够顺利完成任务。

最后是"评价"环节，包括即时评价和延时评价。即时评价通过对学生的表现给予及时的反馈和补救性教学，有助于教师及时调整教学方法和学习策略，保障学生的学习进程。延时评价则是通过学生的练习和提交产出成果，促使学生更深入地反思和巩固所学知识。整个"驱动—促成—评价"循环形成了一个动态的学习过程，使学生在循环中不断迭代、不断进步。

这三个环节之间并非简单的线性关系，而是形成了一个相互依存的三元共生关系。在驱动中有促成、促成中有驱动、评价中有促成，这种有机的设计使得学生在整个学习过程中既能够保持目标感知和内在动机，又能够通过及时的支持和评价不断地提高自身的语言水平和学习策略。这个循环性的教学流程体现了POA 教学的灵活性和实效性，有助于形成一个动态而有机的学习过程。

2. 三元共生关系

在 POA 教学流程中，驱动、促成和评价三者之间形成了一种复杂而动态的三元共生关系。这种关系不是简单的线性关系，而是相互交织、相互渗透的有机结构，体现了 POA 教学理念的灵活性和全面性。

首先，在"驱动"环节中，驱动中包含了促成。教师通过呈现产出场景、激发学生兴趣和学习动机，不仅驱动了学生的学习欲望，同时在产出目标的设定过程中已经促成了学生对任务的初步理解。产出总目标被划分成多个产出子目标，形成了一个"外部大循环"。这种外部大循环激发了学生对整个学习过程的兴趣和参与度，形成了对学习目标的内在需求。

其次，在"促成"环节中，促成中包含了驱动。教师通过设计一系列的促成活动，帮助学生逐步实现产出目标。在这个环节内，产出子目标形成了一个"内部小循环"。这个小循环中的每个步骤既是对前一步骤的促成，又是对后一步骤的驱动。学生在完成任务的过程中逐渐掌握所需语言知识和技能，这种促成和驱动的相互作用使得学生在学习中不断迭代、不断进步。

最后，在"评价"环节中，评价中包含了促成。即时评价通过对学生的表现给予及时的反馈和补救性教学，有助于教师及时调整教学方法和学习策略，从而促成学生更好地完成产出目标。延时评价则是通过学生的练习和提交产出成果，促使学生更深入地反思和巩固所学知识。这种评价和促成的相互关系不仅有助于监控学生学习的效果，同时也在评价的过程中促成了学生对自身学习过程的进一步理解和调整。

POA 教学流程中的三元共生关系使得整个教学过程不再是简单的输入—加工—输出模式，而是一个动态、有机的循环系统。在这个系统中，学生在不同环节之间不断地接受驱动、促成和评价的影响，形成了一个更为全面、持续而有深度的学习过程。这种三元共生关系的设计体现了 POA 教学理念的全面性和实效性，为学生提供了更富有深度和广度的英语学习体验。

3.学生主导的师生合作

POA 教学理念在教育实践中明确了师生的责任分工，特别强调了师生之间的紧密合作。在 POA 中，教师扮演主导角色，负责引导、设计和推动整个学习过程，而学生则积极参与共建，形成一种学生主导的师生合作模式。这一模式不仅体现了教育中的互动性和合作性，同时也促使学生更加积极主动地参与和投入学习。

在 POA 教学中，教师的主导作用主要体现在驱动环节。教师通过呈现产出场景、激发学生学习兴趣和动机，引导学生进入学习状态。在这个过程中，教师的主导是为了激发学生内在的学习动力，使其更加积极地参与后续的学习活动。通过设置产出任务和指导学生思考，教师在整个学习过程中提供了清晰的方向和目标。

然而，在学习的促成环节中，师生之间的角色动态发生了改变。学生在尝试产出任务的过程中成为主体，通过小组合作完成任务，积极讨论并分享想法。这种学生主导的合作模式不仅增强了学生的主动性，还培养了学生团队协作和沟通能力。在这个阶段，教师作为引导者，通过精心设计的促成活动，为学生提供了逐步实现产出目标的支持和引导。

最后，在评价环节中，学生再次成为主体，通过对产出任务的即时和延时评价，对自己的学习过程进行反思和总结。这种学生主导的自我评价不仅提高了学生对自身学习的认知水平，也加深了他们对学习目标的理解和掌握程度。

二、POA理论研究现状及创新应用

（一）POA 理论研究现状

POA 理论自 2015 年正式提出以来，国内相关研究呈现出多个方面的关注和深入探讨。

首先，对于理论体系的研究集中在完善理论框架方面。学者们致力于进一步发展和优化 POA 理论的基本结构，以更好地适应实际的英语教学需求。

其次，研究者们关注 POA 理论的可行性和有效性，通过多层次的教学实践，验证其在实际应用中的有效性。这方面的研究为 POA 理论提供了实际的教学案例和经验，为进一步推广和应用该理论提供了坚实的理论支持。

再次，对于教师发展方面的研究建立了以应用新理论为中介的教师发展动态模型。这一模型旨在引导教师通过实际的教学实践，特别是通过"做中学"的方式，实现专业发展。教师的角色在 POA 理论中得以强调，为教育从业者提供了更灵活、可持续的教育发展路径。

最后，对于 POA 理论的实际应用方面，研究者们关注该理论在英语教学的各个方面的具体应用，包括听力、口语、阅读、写作、翻译等。实证研究表明，POA 理论在这些领域的应用能够显著提升学生的语言技能水平。更为重要的是，POA 理论似乎在一定程度上改变了学生的英语学习观念，从被动接受转变为主动参与，形成了"我要学"的学习态度。

POA 理论在国内的研究现状呈现出多个方向的深入发展。从理论本身到实际应用，再到对教师发展的关注，这些研究为 POA 理论的进一步推广和完善提供了丰富的经验和理论支持。随着研究的深入，POA 理论有望在英语教育领域产生更为深远的影响，为提升学生英语学习效果和培养语言运用能力提供更为创新和实用的教学理念。

（二）POA 在高职英语教学中的创新应用

在当前高职英语教学中，学生语言产出能力相对较低和"学用分离"的问题普遍存在。产生此现象的原因之一是课程目标未在课堂中得到有效实施，导致学生在语言产出方面缺乏训练和机会。传统的教学方法更加注重知识的输入，而对于语言的输出，特别是"说""写""译"等语言产出活动的训练较为不足。另一原因是学生在课堂学得的知识难以及时转化为实际运用的能力，存在"学"和"用"之间的脱节。这使得学生的英语学习往往停留在理论知识的层面，而未能及时将所学知识应用于人际沟通和职场需要。

POA 理论提供了一种创新的应用途径，尤其是在高职英语教学中。其核心创意之一是通过教师创设具有社会真实性的交际场景，明确定义教学目标和产出任务，以促进学生的语言产出能力。这一理念与高职英语课程的培养目标高度契合，《高等职业教育专科英语课程标准（2021 年版）》（以下简称《课标》）明确提出培养能够在日常生活和职场中用英语进行有效沟通的高素质技术技能人才。因此，POA 理论的应用在高职英语教学中具有显著的实践价值。

此外，《课标》中明确了高职学生的英语学科核心素养，这与 POA 理论的教学理念相辅相成。POA 理论注重实践运用、真实交际场景的教学活动，与培养学生在职场中运用英语进行有效沟通的目标相一致。高职英语教学在引入 POA 理论的基础上，有望更加贴近学生的实际需求，使学习更具针对性和实用性。

因此，POA 理论在高职英语教学中的创新应用不仅有助于解决学生语言产出能力不足的问题，还能够促使学生更好地将学到的知识应用于实际情境。这种创新教学方法符合高职英语课程的培养目标，为学生提供了更具挑战性和实践性的学习体验。总而言之，POA 理论的引入为高职英语教学提供了一种有前景的创新路径，有望在实际应用中取得显著的教学效果。

（三）基于 POA 教学流程的英语教学案例设计

在《课标》的指导下，教师将 POA 理论创新应用到以新教材内容为文本的单元教学过程中，以高等教育出版社"十三五"职业教育国家规划教材《新编实用英语（第五版）综合教程 2》教材中的 Unit 2 Food（单元 2：食物）为案例，按照"驱动—促成—评价"教学流程设计并开展教学活动。

1. 驱动

（1）教师呈现产出场景

在本单元案例中，驱动的第一步是由教师呈现具有潜在交际价值的产出场景。首先，通过播放一则新闻视频，展示了外国运动员在北京冬奥会期间表达对中国传统美食的喜爱。这个视频为学生提供了一个真实而引人入胜的情境，激发了学生对中国美食的兴趣。其次，教师通过阅读"CHINA DAILY"和"CGTN"等新闻，强调中国美食在世界上的受欢迎程度，进一步拓展了学生对话题的认知。最后，通过布置产出任务，教师呼吁学生向外国友人介绍中国传统美食，使产出场景更具挑战性和真实性。在这个过程中，教师充分考虑学生的实际生活经验和感兴趣的话题，以确保学生对产出任务的投入和积极性。

（2）学生尝试产出任务

接下来，学生在小组内尝试完成产出任务。这一步骤旨在让学生付诸实际行动，通过合作讨论，提升他们的英语表达能力。在小组内，学生共同选择一道中国传统美食，并尝试用英文完成介绍。这种小组合作的方式既鼓励学生相互学习，又培养了他们的合作能力。通过实际操作，学生意识到自己在描述食物、使用特定词汇和表达流畅性等方面的不足之处，从而激发学习的内在动机。

（3）教师说明产出目标

在学生尝试产出任务后，教师对学生的产出进行点评和分析，并结合产出任务明确产出目标。通过对学生的实际表现进行指导，教师强调语言功能目标和语言项目目标。语言功能目标包括描述产出任务相关的话题，而语言项目目标则涉及单词、词组、句式等语言要素。通过这一步骤，学生能够更清晰地了解期望达成的目标，为接下来的促成环节提供指导。

2. 促成

在促成环节，教师通过设计一系列的促成活动，帮助学生逐步实现产出目标。

（1）选择输入材料、设计教学活动

教师在促成环节选择与产出任务相关的输入材料，如提供与美食相关的词汇表、示范性句子和相关语篇。通过这些材料，教师为学生提供了必要的语言支持，帮助他们更好地完成产出任务。此外，教师设计一系列的教学活动，如词汇练习、语法讲解、模仿演练等，以巩固学生的语言基础。通过这些促成活动，学生能够逐步积累必要的语言素材，提高语言水平。

（2）即时评价

在促成环节，教师进行即时评价，对学生的课堂表现给予反馈。教师可以根据学生的实际产出情况，及时纠正错误，提出改进建议。通过即时评价，教师能够调整教学策略，满足学生的个性化需求，确保学生在促成环节得到有效的支持。即时评价也为学生提供了实时的指导和反馈，使他们能够及时纠正错误、改进表达，促使学生更好地理解和掌握语言要素。

3. 评价

在评价环节，教师进行延时评价，包括师生合作评价和行业专家指导。这一环节的目的是通过综合评价学生的产出成果，进一步促成学生的语言发展。

（1）师生合作评价

教师可以与学生进行合作评价，通过讨论学生的产出成果，共同发现问题并寻找解决方案。这种合作评价模式促使学生更主动地参与评价过程，增强他们的自我认知和反思能力。教师可以引导学生讨论各组的亮点和不足之处，从而共同提高。

（2）行业专家指导

为了提供更专业的指导，教师可以邀请相关领域的行业专家参与评价。行业专家可以就学生的产出成果提出更深入、更实质性的建议，指导学生如何更好地表达和传达信息。这种行业专家参与评价的方式不仅拓宽了学生的视野，也为他们提供了实际应用中的反馈，更好地连接学科知识与实际应用。

4. 案例总结

通过以上 POA 教学流程的设计，教师在驱动环节激发了学生的学习内驱力，通过真实的产出场景提高了学生对产出任务的投入。在促成环节，教师通过选择输入材料和设计教学活动，帮助学生逐步积累语言素材，并通过即时评价调整教学策略。在评价环节，通过师生合作评价和行业专家指导，教师引导学生深入思考，提高了他们的语言表达水平。这一 POA 教学案例设计不仅符合 POA 理论体系和课标的指导，还为学生提供了贴近实际、有挑战性的学习体验，促使他们更好地理解和应用英语知识。

整体而言，POA 教学流程的设计不仅关注语言知识的传授，更强调学生在实际应用中的语言能力培养。通过合理的驱动、促成和评价，教师能够更全面地关注学生的学习过程，激发他们的学习兴趣和内在动机，提高语言产出能力。这种以学生为中心的教学设计有助于培养学生的跨学科综合素养，使其在实际应用中能够更加自如地运用英语进行有效沟通。

第二节 教师在新时代英语教学中的经验与心得

一、教学经验分享

（一）灵活运用多种教学方法

1. 多元化教学手段的必要性

在高职英语教学中，我深刻认识到学生具有多样的学习风格和水平差异。为了更好地满足不同学生的需求，我坚持灵活运用多种教学方法。这包括讲解、示范、小组讨论和案例分析等多元化教学手段。通过这样的教学方式，我能够更全面地覆盖不同层次的学生，提高教学的适应性和针对性。

2. 教学手段的结合运用

灵活运用多种教学方法要求教师有意识地将不同的教学手段进行有机结合。在课堂中，我通常通过讲解引入新知识，通过示范展示语言技能的应用，通过小组讨论激发学生思考，通过案例分析将理论与实际相结合。这种结合运用的教学方式可以使学生更全面地理解和掌握英语知识。

3. 关注个体差异

学生在学习过程中存在个体差异，理解和应用英语知识的能力各异。因此，我在教学中更加注重对个体差异的关注。通过观察学生的学习风格和表现，我调整教学方法，为每个学生提供更为个性化的学习支持，使得教学更贴近学生的需求。

（二）激发学生兴趣的策略

1. 创新教学内容

激发学生兴趣需要不断创新教学内容，使之更符合学生的实际生活和兴趣所在。我常常引入实际案例、英语影视资源、小组活动等元素，使课堂内容更具趣味性和实用性。通过这些创新，学生更容易与英语知识建立联系，提高学习主动性。

2. 实践性学习活动

为了激发学生的学习兴趣，我注重引入实践性学习活动。组织学生通过英语影片进行听力训练、利用英语新闻热点展开讨论，这些实践性的活动能使学生更直接地应用英语，增强了学习的实用性，提高了学生对学习的积极性。

3.个性化学习计划

每位学生都有自己的兴趣和学习方式，因此，我尝试制订个性化学习计划，满足不同学生的学科需求。通过了解学生的兴趣和学科发展方向，我能够调整教学内容，使之更贴合学生的职业目标，激发其对英语学习的浓厚兴趣。

（三）创设积极的学习环境

1.倡导积极的学术氛围

创设积极的学习环境首先需要倡导积极的学术氛围。在我的课堂中，我鼓励学生提问、表达自己的观点和想法。通过积极的讨论氛围，我促使学生更勇于参与课堂互动，培养了他们的团队协作能力。

2.互动与合作的促进

积极的学习环境还需要通过互动与合作来促进。我组织学生进行小组活动、合作项目等,通过共同学习、共同探讨问题,提高学生的沟通能力和团队协作精神。这种互动与合作的氛围不仅促进了学科知识的交流，也培养了学生的社交能力。

（四）及时反馈与个性化指导

1.反馈机制的建立

在教学中，我建立了及时反馈机制，通过定期的测验、作业评价等方式，为学生提供及时的学科反馈。这有助于学生了解自己的学习状况，发现问题并及时调整学习策略。通过定期的学科反馈，我能够为学生提供具体的学科建议，引导他们更好地掌握英语知识。

2.个性化指导的实施

在及时反馈的基础上，我注重个性化指导的实施。通过面对面的学术指导，我能够更深入地了解每位学生的学习情况。在个性化指导中，我不仅着重弥补学生在语法、听力、口语等方面的差距，还根据学生的学科兴趣和发展方向，为其提供专业的建议，制订个性化的学习计划，以更好地满足学生的需求。

3.鼓励创新性思维

在个性化指导中，我不仅关注学科知识的传递，还鼓励学生展现创新思维。通过引导学生进行独立研究、撰写论文等实践活动，我培养学生解决问题的能力，激发其创新潜力。这种个性化指导不仅关注学科的广度，更注重学科的深度和个体发展的多样性。

二、心得体会总结

（一）学科知识与实际应用的结合

在高职英语教学中，将学科知识与实际应用相结合是一项极为重要的教学理念。这一理念的核心在于使学生在学习英语的过程中，能够深刻理解并灵活运用所学知识，使其具备更强的实际应用能力，以更好地适应未来职业领域对语言技能的要求。

首先，理论知识与实际案例相结合，是实现学科知识与实际应用的有效途径。通过引入真实的案例，我能够让学生在具体的工作场景中运用所学知识，使他们更深刻地理解课程内容。例如，通过分析行业中的英语交流情境，学生可以更好地理解专业术语的运用，提高实际应用能力。

其次，项目化学习是促使学科知识与实际应用结合的关键策略。通过设计项目任务，让学生在团队合作中应用英语知识解决实际问题，培养其团队协作和沟通能力。这种项目化学习模式既能够锻炼学生的创新能力，又使他们更好地理解知识在实践中的应用。

再次，模拟实际工作场景有助于培养学生的实际操作技能。学生通过在课堂上模拟真实的职业环境，如商务洽谈、专业会议等，可以帮助他们更好地适应未来工作中的语境。这种模拟让学生在安全的环境中体验实际工作的语言要求，为其未来职业生涯的顺利展开提供了重要支持。

最后，评估机制也应与实际应用相匹配。除了传统的笔试形式，我引入了多元化的评估方式，包括项目报告、口头表达和实际场景模拟等。这样的评估机制更贴近实际工作中的需求，能够全面了解学生的实际应用水平，为他们提供更具参考价值的反馈。

将学科知识与实际应用相结合需要教师在教学设计、实施和评估环节都做出相应调整。通过理论与实际案例的结合、项目化学习、模拟实际工作场景以及多元化的评估机制，我相信能够更好地培养学生的实际应用能力，为其未来的职业发展打下坚实的基础。

（二）面向未来职业发展的培养

首先，面向未来职业发展的培养要求高职英语教学注重跨文化沟通能力的培养。在课程设计中，我强调通过真实的案例、角色扮演等方式，使学生更深刻地了解不同文化间的交流特点。引导学生思考并适应多元文化环境，提高他们的跨文化沟通能力。这种培养方式有助于学生更好地融入国际化的职业环境，提升其未来职业发展的竞争力。

其次，我关注培养学生的团队协作精神。在高职英语教学中，通过组织小组讨论、项目合作等活动，我鼓励学生共同探讨问题、分享观点，并协同完成任务。这种团队协作的培养方式不仅提高了学生的协作能力，还使他们更好地适应未来职场的团队合作氛围。在实际工作中，团队协作是取得成功的关键，因此培养学生的团队协作能力具有重要的实践价值。

再次，我强调学生参与实习和社会实践的机会。通过与企业合作，我安排学生进行实地实习，让他们在真实的工作场景中运用所学知识。这种实际操作的培养方式有助于学生更深入地了解职业要求，培养实际解决问题的能力。通过社会实践，学生还能建立职业人际关系，为未来的职业发展打下坚实的基础。

最后，我倡导学生主动参与英语角等实践活动。通过这些活动，学生能够锻炼口语表达能力，提高实际应用水平。这种培养方式旨在让学生更好地适应未来工作中的英语交流环境，增强其自信心。此外，学生还能通过与其他学习者互动，拓展语言应用的广度，为未来职业发展积累更多的经验。

面向未来职业发展的培养需要，高职英语教学更多关注学生实际操作能力的培养，包括跨文化沟通、团队协作和实际问题解决等方面。通过跨文化沟通的培养，学生能够更好地适应国际化的职业环境；通过团队协作的培养，学生能够在团队中更好地发挥个人优势；通过实际操作的培养，学生能够更好地适应职业要求，增强未来职业发展的竞争力。

（三）持续学科更新与教学创新

首先，持续学科更新与教学创新需要教师具备不断学习的意识和习惯。在高职英语教学中，我意识到学科知识的不断更新对于提高教学水平至关重要。通过参加学术研讨会，我能够了解到最新的研究成果、教学方法和教材。这不仅使我保持对学科知识的敏感性，也使我能够及时调整教学内容，确保学生获取的信息是最新的、最有实际应用价值的。

其次，我在教学中注重引入先进的教学理念和技术。通过学科培训，我了解到一些先进的教学方法，如项目式学习、翻转课堂等。我尝试将这些理念融入自己的教学实践中，以更好地激发学生的学习兴趣和提高学习效果。例如，我采用了在线学习平台进行课堂拓展，让学生在课后能够继续深入学习，提高他们的自主学习能力。

再次，我推崇教师间的合作和共享。在学科研讨会和培训中，我与其他教师建立了紧密的联系。我们经常进行教学经验的分享和交流，讨论教材选择、课程设计等问题。这种合作有助于汇聚各方的教学智慧，提高整个团队的教学水平。我也通过与其他学校的教师进行合作研究，拓宽了自己的教学视野，加深了对不同背景学生的教学理解。

最后，我注重将学科更新和教学创新与实际教学相结合。在设计课程时，我会根据学科最新研究成果和行业需求调整内容。同时，我通过引入新颖的案例分析、实际应用项目等，激发学生的兴趣，使他们更好地理解和应用所学知识。这样的教学创新不仅提高了学科的实用性，也增强了学生的实际应用能力。

持续学科更新与教学创新是高职英语教学的重要组成部分。通过不断学习、引入新颖理念、合作共享经验以及与实际教学相结合，教师能够更好地适应时代的发展，提高教学质量，为学生提供更优质的教育。

（四）培养学生的自主学习能力

首先，培养学生的自主学习能力需要教师在教学中注重引导学生使用学科资源。我在高职英语课程中积极推动学生利用在线学习平台、数字图书馆等电子资源。通过为学生提供详细的资源介绍和使用指导，我希望激发学生主动获取信息的欲望，培养其对学科知识主动探索的能力。这种引导不仅拓宽了学生的学科视野，还培养了他们获取知识的主动性。

其次，我通过鼓励学生参与英语角等实践活动，提高他们的口语交流能力。英语角是一个良好的学科实践平台，学生可以在这里自由表达自己的观点，与他人互动交流。通过组织学生主动参与，我旨在培养他们在真实语境中运用英语的能力。这种实践不仅加深了学生对英语的理解，还培养了他们自信表达的能力，提高了主动学习的积极性。

再次，我推崇使用相关英语学习应用，为学生提供多样化的学科资源。我会向学生推荐一些符合他们学科水平和兴趣的英语学习应用，如在线词汇学习工具、语法练习应用等。这种推荐有助于学生在个性化学习过程中找到适合自己的学科资源，激发他们在学科学习中的兴趣。通过使用这些应用，学生可以更加自主地掌握学科知识，提高学习效果。

最后，我通过组织学生参与学习小组，鼓励他们相互合作、共同解决学科问题。学习小组的建立有助于学生在团队合作中培养自主学习的能力。在小组中，学生可以相互讨论、分享学科心得，通过合作解决学科难题。这种集体学习模式培养了学生的团队协作和沟通能力，为他们未来的职业发展打下了坚实的基础。

第三节　学校合作与社会实践的有效模式

一、产学合作与英语实践项目

（一）产学合作的背景与意义

1. 背景介绍

高职英语教学中，产学合作是迎合当前社会对人才培养需求的一项重要举措。产学合作意味着学校与企业建立密切的合作关系，以实现理论知识与实际工作的深度结合。

2. 合作意义

产学合作不仅是高职英语教学的创新，更是学生职业发展的助推器。通过与企业的合作，学校可以深入了解行业动态、了解用人需求，为课程设置提供有力支持。这使得学生在学习过程中更贴近实际职业需求，提前适应职场。

（二）英语实践项目的设计与实施

1. 项目设计

英语实践项目是产学合作的具体实施方式，其设计应当密切结合课程目标、企业需求以及学生英语水平，以确保全面锻炼学生的语言技能和提升学生的职业素养。在项目设计中，有几个关键方面需要特别考虑。

首先，项目设计要充分考虑课程目标。英语实践项目应紧密贴合所设定的课程目标，确保项目内容和任务能够有针对性地培养学生的语言技能。通过明确的目标，教师可以更好地指导学生的学习，使实践项目成为课程的有机组成部分。

其次，企业需求是项目设计的重要依据。产学合作的核心在于满足实际职业领域的需求，因此项目设计要紧密结合合作企业的具体要求。了解企业对英语能力的期望，以及员工在实际工作中需要具备的语言技能，有助于确保项目内容切实可行，为学生提供真实、实用的语言实践机会。

再次，学生英语水平的差异需要在项目设计中得到充分考虑。项目任务应当既具有一定的难度，以促使学生在实践中不断提高，又要确保学生有足够的基础能够完成任务。因此，项目设计可以考虑设置不同层次的任务或提供不同程度的支持，以满足学生个体差异的需求。

最后，项目设计要注重全面性。除了语言技能的培养，还应当考虑职业素养的提升。项目可以包括模拟商务谈判、英文文档写作、团队合作等多个方面，全面培养学生在实际职场中所需的综合能力。通过综合性的项目设计，学生可以更好地适应未来职业发展的挑战。

2. 项目实施

英语实践项目的实施需要学校和企业共同合作，共同致力于为学生提供丰富而实际的学习体验。在实施过程中，学校和企业各司其职，共同努力以确保项目的成功执行。

首先，学校在实施英语实践项目时，可以通过提供相应的培训来确保学生具备完成项目所需的语言能力和团队协作能力。培训内容可以包括专业英语课程、实际案例分析、模拟谈判等，以提高学生在实际职场中应对复杂情境的能力。此外，学校还可以通过组织讲座、研讨会等活动，邀请相关领域的专业人士分享经验，帮助学生更好地理解和适应实际工作环境。

其次，企业在实施英语实践项目中发挥着关键作用。企业提供真实的工作场景，为学生提供了一个展示他们所学知识和技能的平台。企业可以通过与学校合作，共同制定实践项目的具体内容和要求，确保项目与实际职业需求相契合。同时，企业还可以为学生提供实际案例、行业动态和专业导师的指导，帮助学生更好地理解并解决在项目中遇到的问题。

在实施过程中，学校和企业之间需要建立密切的沟通机制。定期的会议和反馈环节可以帮助双方更好地了解项目进展情况，及时解决可能出现的问题。双方还可以根据学生的表现和项目的实际情况进行调整和改进，以提升项目的质量和学生的学习效果。

3. 项目效果评估

在英语实践项目的实施过程中，建立有效的评估机制是确保项目成功的关键。这一评估机制应该涵盖多个方面，旨在全面了解项目的实际效果，为学校和企业提供有针对性的反馈，以便及时进行调整和优化。

首先，项目的过程反馈是评估的一个重要环节。在项目进行中，通过定期的会议、学术指导和学生反馈等方式，学校和企业可及时了解项目的实际进展情况。项目组织者可以根据这些反馈信息调整教学计划、解决可能出现的问题，确保项目在实施过程中顺利推进。

其次，学生的项目报告是评估的另一个重要依据。学生在项目结束后应提交详细的项目报告，包括他们在项目中的角色、完成的任务、遇到的挑战以及取得的成果等。这样的报告不仅能够客观记录学生在实践中的表现，还有助于评估项目对学生学习和职业素养的实际影响。

再次，企业导师的评价也是项目评估的重要组成部分。企业导师能够从实际用人的角度出发，评价学生在项目中的表现是否符合行业要求，以及他们在实践中展现的职业素养。这种实际经验的反馈对于学生的职业准备至关重要。

最后，通过定期的评估会议，学校和企业可以共同总结项目的整体效果，探讨改进的空间，并为未来的项目设计提供经验教训。这种系统性的评估机制有助于建立可持续的产学合作模式，提高项目的质量和实际效果。

（三）项目案例分析

以学校与某跨国企业的产学合作为例，通过充分洽谈，确定了一个以英语为工作语言的实践项目，该项目要求学生协作完成一份商业报告，包括市场调研、竞争分析、市场推广策略等内容。在实践过程中，学生不仅需要运用英语进行专业表达，还需通过团队协作解决实际问题，使英语学习与实际应用更为紧密结合，为学生提供深刻的职业体验。

这一合作案例具有重要的实践成果。学生在项目中运用英语进行专业表达，不仅提高了语言应用能力，还培养了团队协作与问题解决的综合能力。通过真实的职业环境，学生得以将课堂学到的知识应用于实践，促使其更深层次地理解和掌握英语专业技能。

此案例为高职英语教学提供了有益的启示。通过产学合作实践项目，学校不仅能够满足学生的实际职业需求，也为教育培养提供了创新的途径。在这种合作中，学校不仅可以调整课程设置，还可以根据企业需求进行精准培养，提高学生的职业素养和竞争力。

这个案例深刻说明了实践项目在高职英语教学中的积极作用。通过与企业的深度合作，学生不仅在英语学习中取得了实质性的进展，而且在职业素养方面也得到了有力的锻炼。学校通过不断优化产学合作模式，可以更好地满足社会对英语人才的需求，为学生成为职场新秀奠定坚实的基础。这一成功案例为其他高职院校提供了借鉴，为高职英语教学提供了有益的经验。

二、社会实践与职业素养培养

（一）社会实践的意义与目标

社会实践在高职英语教学中扮演着重要的角色，其意义主要体现在培养学生的职业素养方面。

首先，社会实践为学生提供了深入了解社会的机会。通过亲身参与各类社会活动，学生能够更全面、直观地感知社会的运作机制、文化风貌以及职场要求。这有助于拓宽学生的社会视野，使其在未来的职业生涯中更好地适应多变的社会环境。

其次，社会实践有助于增强学生的团队协作能力。在社会实践项目中，学生通常需要与团队成员密切合作，共同完成一系列任务。通过这样的协作经历，学生能够培养团队协作的意识、沟通技能以及解决问题的能力，这正是在职场中所需要的关键素质。

最后，社会实践能够提高学生解决问题的能力。在实际社会环境中，学生可能会面临各种各样的问题和挑战，需要运用所学知识和技能迅速、灵活地解决。这种实践中的问题解决过程有助于培养学生的创新思维和实际操作能力，为其未来的职业发展奠定坚实的基础。

在实现这些目标的过程中，高职英语教学需要精心设计社会实践项目，确保其紧密结合课程目标和学生的职业规划。通过组织学生参与社会服务活动、进行跨文化交际等实践活动，学校能够在锻炼学生语言应用的同时培养学生的职业素养。

（二）实践项目设计

社会实践项目的设计至关重要，它应该根据高职英语课程目标、学生的英语水平以及职业需求进行合理规划。

首先，项目可以包括参与社会服务活动，如为社区居民提供英语培训、参与公益活动等。这样的项目有助于学生提高英语口语表达能力，同时培养他们的社会责任感。

其次，项目设计可以涉及跨文化交际。学校可以组织学生参观国际型的企业，与外国客户进行英语交流，拓宽学生的国际视野和提升其跨文化交际能力。这种项目设计既有助于学生应对全球化职场的挑战，又能够提升其英语沟通的实际应用水平。

最后，还可以设计与专业领域相关的实践活动，如模拟翻译商务文件、参访国际企业等。这样的实践项目能够使学生更好地将所学的英语知识应用到实际工作场景中，提升其在职业领域的竞争力。

（三）成果评估与反馈机制

社会实践项目的有效性需要通过科学的评估与反馈机制来保障。评估体系应该包括多个层面，以全面了解项目的实际效果。

　　首先，学校可以要求学生提交个人报告，详细记录他们在实践中的收获、体会以及遇到的问题。这样的报告能够客观地为学校对学生在社会实践中所取得的成果进行系统性的评估。

　　其次，项目成果展示是另一个重要的评估手段。学生可以通过展示完成的项目报告、沟通过程中的实际表现等方式，向学校和企业展示他们在实践中的能力和成就。

　　同时，引入企业导师的评价也是评估机制的重要组成部分。企业导师可以从实际用人角度出发，评估学生在项目中的工作表现，包括语言表达能力、团队协作能力、问题解决能力等。这种来自实际工作场景的评价能够更加客观地反映学生在职业素养方面的表现。

　　通过以上多层次的评估手段，学校可以全面了解学生在社会实践中的表现，及时发现问题并提供有针对性的改进建议。评估的结果不仅有助于学校优化实践项目的设计，更能够为学生提供个性化的职业发展指导。

第八章　高职英语教学评估与反馈机制

第一节　高职英语教学评估体系建设

一、高职英语教学多元评价体系的构建意义

（一）国家教育发展的需要

首先，长期以来，高职院校英语教学一直缺乏明确的专门课程标准，这导致了教学评价体系的不完善。这一问题在教学内容、教学方法以及学科核心素养等方面存在巨大的不确定性，难以量化和标准化评价。然而，随着《高等职业教育专科英语课程标准》的出台，高职英语教育迎来了一个新的时代，学科核心素养得到了明确的规定，凸显了对教育评价的高度重视。

其次，新出台的标准明确了高职英语学科核心素养，其中强调了教育评价的重要性。这标志着国家对于高职英语教学提出了更为明确的要求，使得教育评价成为不可或缺的一部分。这种明确的标准不仅有助于规范高职英语教学，还为建构多元的质量检验和评价体系奠定了基础。

再次，高职英语教学需要建构多元化的质量检验和评价体系，以适应国家教育发展的新需求。这一体系不仅需要关注学科核心素养，更需要考虑到教学方法的创新、学生综合素质的提升以及与实际职场需求的紧密结合。只有通过多元的评价体系，才能更好地满足国家对于高职英语人才培养的全面要求。

最后，高职英语教学评价体系的建构将对整个国家教育体系产生深远的影响。通过更为科学、全面、灵活的评价手段，不仅可以更好地反映学生的学科水平，还有助于培养学生的创新精神和实际应用能力。这种体系的建构对于高职院校英语教学的全面提升以及国家人才培养的质量提高都具有积极的推动作用。

（二）学生全面发展的需要

首先，在当前高职英语教学评价中，"教育价值"理念的不足显而易见，主

要体现在评价体系的滞后和缺失。由于评价过于依赖传统的"管理价值"理念，即通过单一考核方式对学生进行排名和选拔，而缺乏对学生全面素质的关注，导致教学评价未能真正发挥激励和诊断功能。为了实现学生的全面发展，需要建立一个更为全面的评价体系，使其更好地服务于教育的真正价值，即促使学生在知识、能力、素质等多个方面得到全面提升。

其次，建立更为全面的评价体系需要强调教育价值的实现。这涉及对学生的多元化素质进行综合评价，包括但不限于语言能力、沟通能力、创新能力、团队协作能力等。通过对这些素质的评价，可以更好地反映学生的全面发展状况，从而使教育评价真正发挥对学生综合素质提升的引导作用。

以教师和管理者为主导，缺乏学生的参与和主动性。建立全面的评价体系应当注重学生的自我评价、同行评价等方式，使学生在评价过程中更为主动，能够更好地认识自己的优势和不足，进而调整学习策略，实现更好的全面发展。

最后，全面发展的评价体系需要更多关注学生的个性化需求。每个学生的发展路径都是独特的，因此，评价体系应当更加注重对个体差异的关注，使评价结果更为贴近学生的实际情况。这涉及建立更为灵活、个性化的评价标准和方式，以满足不同学生的需求，真正实现学生全面发展的目标。

（三）教学多维发展的需要

首先，当前高职院校英语教学评价存在的问题主要集中在评价体系的单一性和缺乏广泛参与。传统的评价主体主要包括教务部门的管理人员和任课教师，而学生和用人单位的参与相对较少。为了解决这一问题，需要构建一个新型的高职英语教学评价体系，使学生和用人单位能够更多地参与到评价过程中。通过引入更广泛的评价主体，可以更准确地反映学生在实际应用中的表现，为教学质量的提升提供更为全面的依据。

其次，评价方法的单一性也是当前教学评价存在的问题之一。高职英语教学评价主要以总结性评价和量化评价为主，如期末测试或英语 AB 级考试成绩。然而，这种单一的评价方法难以全面反映学生在职场情境中的运用能力，也难以对教师教学资质和学生学情进行诊断性评价。为了更全面地了解学生的能力和水平，新型的评价体系应当包括多样化的评价方法，如项目作业、实际应用场景模拟等，以更全面地了解学生的实际能力。

再次，评价客体的局限性也是当前评价体系需要解决的问题。传统的评价主要集中在语言知识技能方面，而忽视了情感态度、教学策略、创新意识等非语言知识和技能的评价。这种评价体系的局限性阻碍了对学生素质的全面了解。新型评价体系应更加注重多维度的评价，既包括语言技能的评价，也包括学生在团队协作、创新思维等方面的能力评价，以使评价更加全面、综合。

最后，为了促进教学质量的整体提升，新型评价体系需要注重建立更为灵活、个性化的评价标准和方式。每个学生的发展路径都是独特的，因此，评价体系应当更为灵活，以满足不同学生的需求。通过建立更加灵活和个性化的评价方式，可以更好地激发学生的学习兴趣，提高教学效果。

二、高职英语教学多元评价体系的构建原则

（一）人本性原则

1. 评价的核心

人本性原则将学生置于评价的核心地位，强调以人为本。在进行课堂教学评价活动时，应该创造平等理解的互动氛围，确保评价者和被评价者之间形成积极的互动关系。这一原则体现在教师作为评价者时，需要尊重并理解学生，倾听他们的声音，充分体谅学生的个性和差异。同样，学生也应该尊重并理解教师的付出，形成一种相互尊重的课堂教学评价文化。

在人本性原则下，评价活动不仅仅是对学生学业水平的检验，更是一个关注学生个体特点和需求的过程。教师不仅要关注学生的学科知识掌握情况，还要关心学生的兴趣、学科发展方向以及潜在的问题和困难。评价者和被评价者之间的互动应该建立在平等和理解的基础上，使评价过程更有人文关怀，更有助于促进学生个体的全面发展。

人本性原则同时强调学生在评价中的积极参与。学生不仅是评价的客体，更应该成为评价过程的主体。通过建立学生参与和反馈机制，可以使学生更多地参与到评价活动中来，表达对教学的看法和建议。这种参与不仅能够提高评价的客观性和准确性，还有助于激发学生的学习动力和兴趣，使评价更有实际意义。

2. 以学生为本的评价体系

以学生为本的评价体系是人本性原则的体现，其核心在于关注学生的需求、兴趣和发展。在建立这样的评价体系时，应确保评价过程不仅仅要满足学科要求，更要符合学生的个性和发展路径，以实现个性化的教育目标。

为了实现以学生为本的评价体系，可以引入学生参与评价的机制，使学生能够更主动地参与到课堂教学评价活动中。通过设立学生反馈、自评、互评等环节，促使学生对自己的学习进行深刻的思考，形成对个体学习状况的自我认知。这种参与机制有助于建立学生和教师之间的平等关系，让学生在评价中感受到被尊重

和被关心，从而更好地激发学习动力。

在以学生为本的评价体系中，还可以关注学生的兴趣和发展方向。通过了解学生的兴趣爱好、职业规划等信息，可以更好地指导学生的学科选择和发展方向，使评价不仅仅停留在学科知识的检验，更具有对学生个体成长的关怀。这种关注学生发展的评价体系有助于培养学生的个性化发展和创新潜能。

以学生为本的评价体系通过注重个体差异、尊重个体需求，实现了评价过程更加关注学生个体发展的目标。这种评价体系不仅有助于提高评价的灵活性和准确性，更能够促使学校教育朝着更加人性化和个性化的方向发展。

3. 理解的互动

理解的互动是人本性原则在评价活动中的核心要求。在评价过程中，教师和学生之间应建立起良好的沟通渠道，以促进双方之间的理解和互动。这种互动应该是平等的、双向的，旨在构建一种共同参与的评价氛围。

首先，教师需要关注学生的感受和反馈。通过开展座谈、小组讨论等形式，教师能够更直接地了解学生对于课堂教学的看法和期望。这有助于教师更好地把握学生的需求，及时调整评价方式和标准，使其更贴近学生的实际学习需求。教师应当以开放的心态倾听学生的声音，认真对待他们提出的建议和意见，从而使评价活动更有效和更灵活。

其次，学生也需要参与到理解的互动中来。通过提供对教学过程的真实反馈、表达学习需求、分享学习体会等方式，学生能够更直接地参与到评价过程中。这种参与不仅可以使学生感受到自己在评价中的重要性，同时也促使学生更深入地思考自己的学习状况，形成自我认知和自我管理的能力。

最后，通过理解的互动，教师和学生之间的关系将更加平等和融洽。教师在评价中不再是单方面的评判者，而是能够更全面地理解学生的需求和困惑，从而更有针对性地进行教学改进。学生也能够感受到教师的关心和尊重，更积极地参与到学习中来。

（二）发展性原则

1. 客观多元的评价方式

在发展性原则的要求下，评价方式的多元化是构建全面评价体系的重要方面。通过采用多样化的评价方式，可以更客观、全面地了解学生在学习过程中的表现，为教学的发展提供更丰富的信息。

首先，可以采用现场听课的方式进行评价。教师在课堂上的教学实际表现是评价的重要依据之一。通过观察教师的授课方法、学生的参与情况以及教学氛围等方面，能够直观地了解教学的实际效果。这样的实地评价能够更真实地反映教学的情况，为提供实际可行的改进建议提供基础。

其次，录像评课也是一种有效的评价方式。通过录像，可以对教学过程进行反复观察和分析，捕捉细节，更准确地评估教学的亮点和问题。教师可以通过观看录像，深入思考自己的教学方式、语言运用等方面的问题，提高自身的教学水平。

最后，学生问卷调查是获取学生反馈的重要途径。学生对教学过程的主观感受和看法能够为教师提供宝贵的信息。通过设计科学合理的问卷，可以了解学生对于教学内容、教学方法、评价方式等方面的看法，帮助教师更好地调整和改进教学策略。

2. 多元化的评价目的

在发展性原则的指导下，评价目的的多元化是构建全面评价体系的重要方面。多元化的评价目旨在超越对单一课堂教学效果的评估，更注重整个学科的形成性评价，以及学生与教师之间的互动与认同。

首先，多元化的评价目的包括对整个学科的形成性评价。这意味着评价的焦点不仅仅是一节具体的课堂，更涵盖了整个学科的发展情况。通过对学生在学科学习过程中的整体认知、对核心素养的掌握等方面进行评价，能够更全面地了解学科教学的整体质量。这有助于发现学科教学中的潜在问题，并为学科的长远发展提供指导。

其次，强调学生对课程的整体认知。多元化的评价目的还包括了解学生对整个课程的认知情况。这不仅包括对具体知识点的理解，还包括对于学科特性、学科目标的整体认知。通过评价学生对课程的整体认知水平，可以更好地调整教学内容和方式，使学生形成更为全面的学科认知结构。

最后，强调被评价者对评价结果的认同。评价目的的多元化也在于注重被评价者，即学生和教师对评价结果的认同。通过建立互动性的评价机制，促使学生和教师更积极地参与评价过程，使评价不再是单向的，而是构建起一种共建共享的评价文化。这有助于增强评价的合理性和可操作性，使评价更有实际意义。

（三）科学性原则

1. 增值性评价的引入

在科学性原则的指导下，增值性评价的引入成为构建全面评价体系的重要组成部分。增值性评价聚焦于学生在一定时间内的学业发展和成长，通过比较学生在不同阶段的表现，分析学生的进步和改进空间，为个性化教学提供参考。这种评价方式突破了传统评价的单一性，更加科学和全面地反映了学生的学业状态。

首先，增值性评价关注学生在一定时间内的学业发展。传统评价往往只关注学生的当前水平，而增值性评价强调学生在一段时间内的成长和进步。通过对比学生在学科学习中不同阶段的表现，可以更准确地衡量学生的学业发展趋势。这有助于发现学生的内在潜力和改进空间，为教学提供有针对性的改进建议。

其次，增值性评价通过比较学生在不同阶段的表现，分析学生的进步和改进空间。这种比较分析能够更细致地了解学生在学科学习过程中的变化和成长。通过对学生的进步和改进空间进行深入分析，可以更好地制订个性化的教学计划，满足学生的个性化需求，提高教学的针对性和有效性。

最后，增值性评价为个性化教学提供参考。了解学生在学业上的增值情况，教师可以更有针对性地调整教学策略，提供更个性化的学习支持。这种基于学生个体差异的教学方式有助于激发学生的学习兴趣，提高学习动力，推动学生更好地发挥潜力。

2. 教学目标的科学设定

在科学性原则的引导下，科学设定教学目标成为评价体系的核心要素。评价体系中的教学目标应与课程目标和学科标准相一致，以确保评价的科学性和准确性。科学设定教学目标有助于更好地引导评价过程，使评价具有指导性，并更符合教学实践的特点。

首先，科学设定教学目标需要与课程目标紧密衔接。教学目标应当与课程设计的整体目标一致，确保学生在评价过程中所展示的能力和水平与课程要求相符。通过对教学目标的科学设定，可以使评价更加客观和有针对性，真实反映学生在学科学习中的实际表现。

其次，教学目标的科学设定要与学科标准相协调。学科标准是对学科核心素养和能力的明确定义，科学设定的教学目标应与这些标准相协调，确保评价体系覆盖学科标准所要求的各个方面。这有助于评价的全面性和科学性，提高评价结果的可信度和准确性。

最后，科学设定教学目标能够使评价更具有指导性。通过清晰、具体、可操作的教学目标，教师和学生可以更明确地了解期望达到的标准和水平。这有助于教学中的指导和反馈，使评价过程不仅是对学生的总结，更是对教学目标达成情况的深入剖析。

3. 教学方法的创新

在科学性原则的引导下，评价体系的建设应激发教学方法的创新，以推动教学的科学性和实效性。评价过程中发现的问题和不足应成为教师反思和改进教学方法的契机。通过引入先进的教学理念和方法，鼓励教师在实践中进行探索和创新，不断提升教学水平。

首先，评价体系的科学性要求对教学方法进行深入的反思。通过对学生学习效果和教学过程的全面评估，教师可以发现教学中存在的问题和不足之处。这为教师提供了改进的动力，促使他们重新审视教学方法的合理性和有效性。

其次，评价体系应为教学方法的创新提供支持和激励。通过对创新教学方法的认可和鼓励，可以激发教师的创造力和探索欲望。教师在实践中尝试新的教学方法，不断调整和优化教学策略，以适应学生的需求和教学环境的变化。

再次，评价体系的实效性要求教学方法的创新能够取得实际的教学效果。通过科学的评价体系，可以及时了解新教学方法在实践中的表现，对于有效的方法予以肯定，对于需要改进的地方提出建议。这有助于教师在创新中找到适合自己教学风格和适合学生特点的方法。

最后，评价体系应当强调教师之间的交流和共享。通过建立教学经验分享的平台，教师可以互相学习和借鉴先进的教学方法，促使整个教学团队的共同进步。

4. 数据分析和挖掘

在评价体系的建设中，科学性原则要求对评价数据进行科学分析和挖掘，以更好地了解学生的学习情况，发现问题并提供精准的教学改进方向。数据分析工具和方法的运用为深入挖掘评价结果提供了科学的手段，使得评价更具实证性和操作性。

首先，数据分析为全面理解学生学习情况提供了有效途径。通过对大量评价数据的分析，可以综合考查学生在不同层面和维度上的表现，包括知识水平、能力素养、学科兴趣等方面。这有助于形成更全面、客观的学生画像，为个性化教学提供有力支持。

其次，科学的数据分析能够发现潜在的规律和趋势。通过对时间序列、群体变化等方面的数据进行分析，可以揭示学生学习的发展轨迹和趋势。这有助于教师更好地理解学生的学习规律，及时调整教学策略，使教学更具针对性和有效性。

再次，数据分析为问题诊断和教学改进提供精准的方向。通过分析学生在评价中表现出的问题和困难，可以迅速定位教学的短板和瓶颈。基于这些信息，教师可以有针对性地调整课程设计、教学方法和评价标准，实现更有针对性的教学改进。

最后，数据分析也促进了评价体系的动态调整和优化。通过对评价数据的定期分析，评价体系可以根据实际教学情况进行调整，确保评价工具和指标的科学性和适用性。这有助于评价体系与教学实践保持同步,更好地服务于教学质量的提升。

三、课程评估与学生绩效考核

(一)课程设计与评估

在高职英语教学中,课程设计是评估体系的关键组成部分。为确保课程能够有效满足学科要求和学生需求,学校应当注重课程设计的精心规划。这包括以下几个方面:

1. 教学目标明确

在构建评价体系时,科学性原则要求制定明确的教学目标,确保其既符合学科标准,又与学生的职业发展需求相契合。教学目标的清晰性对于后续评估的有针对性进行至关重要。

首先,课程设计中的明确教学目标是整个评价体系的基础。通过明确教学目标,可以确保评价的方向和侧重点与教学的核心内容一致。这有助于评价体系更好地服务于课程设计的初衷,实现对学科知识、技能和素养的全面评估。

其次,明确的教学目标有助于评价体系与学科标准相匹配。在制定教学目标时,应当参考相关学科标准和课程要求,确保目标的设定不仅符合学科的专业性要求,还能够达到高等职业教育的整体目标。这样评价体系就能够更好地服务于学科的专业发展。

再次,教学目标的明确性使得评价体系更具有针对性。明确的目标有助于评估者更加精准地选择评价工具和指标,确保评价的全面性和有效性。评价体系的有针对性使得教学评估更具有实践意义,为师生提供更明确的发展方向。

最后,明确的教学目标有助于评价体系与学生职业发展需求相契合。随着高职教育的发展,越来越强调培养学生的实际职业能力。通过明确教学目标,评价体系可以更好地关注学生在实际职场中所需的知识、技能和素养,为学生的职业发展提供更为有力的支持。

2. 课程结构合理

在构建评价体系的过程中,课程结构的合理性和有序性是至关重要的。合理有序的课程结构确保各个模块之间的衔接紧密,使学生能够渐进式地掌握英语知识和技能,为教学评价提供了坚实的基础。

首先,合理有序的课程结构有助于确保教学目标的达成。通过精心设计课程结构,可以使各个学习模块有机地连接在一起,形成一个逻辑严密的知识体系。

这有助于学生逐步深入理解和掌握英语知识,确保每个学习阶段的目标都得以实现。

其次,合理有序的课程结构为教学评价提供了明确的依据。评价体系的建立需要依托于明确的教学目标和内容,而这正是合理有序的课程结构所能够提供的。通过对每个模块的评价,可以更好地了解学生在不同阶段的学习情况,从而进行更为准确和有针对性的评估。

再次,合理有序的课程结构有助于学生的学习过程。通过渐进式的教学设计,学生可以在逐步深化的学习环境中逐渐提升他们的英语水平。这样的结构不仅有助于学生的学习动机,还能够更好地培养他们的学习兴趣和学科能力。

最后,合理有序的课程结构促进了教学评价的连续性。评价体系应当与课程结构相互配合,形成一个循环往复的反馈系统。通过不断地评估学生在各个学习模块中的表现,可以及时发现问题并进行调整,从而不断提升教学质量。

3. 教材科学选用

在评估体系中,对课程所选用的教材进行科学的选择是确保教学质量和学生成效的关键因素。教材的选用直接关系到课程的实施效果、学生的学习体验以及整体评价体系的科学性。因此,在评估体系中,需要对教材的科学选用进行细致考查。

首先,科学评估要关注教材是否符合最新的教学理念和学科要求。随着教育理念和学科知识的不断更新,教材应当紧跟时代潮流,反映最新的教学思想和学科发展趋势。科学的评估体系应当审查教材内容是否涵盖了最新的研究成果、理论观点以及行业动态,以确保教学内容的前沿性和实用性。

其次,评估体系需要考查教材是否能够激发学生的学习兴趣。教材的设计应当符合学生的认知特点和学科需求,能够引起学生的好奇心和积极性。科学的评估体系应当关注教材的编排是否生动有趣,是否注重启发学生思考,以及是否提供了多样化的学习资源。只有在学生对教材内容产生浓厚兴趣的情况下,他们才能更主动地参与学习,从而更好地完成教学目标。

最后,评估体系还应当考虑教材的适应性和灵活性。不同的学生群体在学科理解、学习节奏和兴趣方面存在差异,科学的评估需要审查教材是否具有一定的适应性,能够满足不同学生的学习需求。同时,灵活性是指教材是否容易被调整和更新,以适应教学实践中的变化和不断发展的学科要求。

4. 教学方法多样

在评估体系中,课程的教学方法的多样性是一个至关重要的方面。多样化的教学方法能够更好地满足不同学生的学习需求，提高学生的参与度和增加学生学习的深度，因此，在评估体系中需要充分考查课程是否运用了多样的教学方法。

首先，评估体系应关注互动式教学的运用情况。互动式教学强调教师与学生之间的积极互动和信息交流，通过提问、讨论、小组活动等方式促使学生参与到课堂中。科学的评估体系要审查课程是否合理运用了互动式教学，以确保学生在教学过程中能够主动思考，积极参与，形成积极向上的学习氛围。

其次，实践活动在评估中也应当得到关注。实践活动有助于将理论知识应用到实际问题中，增强学生的实际操作能力和解决问题的能力。科学的评估体系应当检查课程是否充分利用实践活动，确保学生通过实际操作能够更好地理解和掌握所学知识。

再次，案例研究是教学方法多样性中的重要组成部分。通过案例研究，学生能够深入了解实际问题，培养分析和解决问题的能力。评估体系需要审查课程是否引入了具体而生动的案例，以促使学生在实际情境中运用所学知识。

最后，在进行评估时，还需要考虑其他多样化的教学方法，如小组讨论、角色扮演、实验室实践等。综合运用多种教学方法，有助于激发学生学习的兴趣，提高学习的质量，使学生更好地掌握课程内容。

（二）学生绩效考核机制

学生绩效考核是对课程学习成果的全面评估，其设计应当具备灵活性和全面性，确保客观公正。

1. 考核形式多样

在高职英语教学的绩效考核机制中，应当采用多样的考核形式，以全面了解学生的英语水平和职业素养。这种多样性的考核形式有助于更全面、准确地评估学生在不同方面的表现，从而为教学改进和学生发展提供更有针对性的参考。

首先，课堂表现是一个重要的考核形式。通过观察学生在课堂上的表现，包括参与讨论、回答问题、展示项目等，可以直观地了解学生的语言运用能力、沟通能力以及团队协作能力。这种形式的考核能够及时发现学生在实际语境中的表现，帮助教师更好地调整教学策略，促使学生更积极地参与到课堂教学中来。

其次，项目报告也是一种有效的考核方式。通过要求学生完成项目报告，既可以考查他们的英语写作能力，又可以培养他们解决实际问题的能力。项目报告的主题可以涉及专业知识、实际工作经验等，从而更好地贴近学生未来职业发展的需求。这种考核形式有助于培养学生的实际操作能力和综合素养。

最后，期末考试是绩效考核机制中的一部分，通过考查学生对整个学期所学知识的掌握情况，能够全面地评估他们的学业水平。然而，需要注意的是，期末考试不应成为唯一的评价依据，因为它更侧重于学生对知识的记忆和应试能力，而不能全面反映学生的实际应用能力和创新能力。

通过采用这些多样的考核形式，可以更全面地了解学生的英语水平和职业素养，帮助教师更好地指导学生的学习，提高教学的有效性。同时，这也符合高职英语培养目标的要求，使学生在英语教学中获得更为全面的发展。

2. 评分标准明确

确立明确的评分标准是绩效评估体系建设中至关重要的一步，旨在保障评估的公正性和一致性。一个完善的评估体系需要明确规定详尽的评分标准，以确保不同教师在不同时间点进行的评估能够达到一致性，并为评估结果提供客观、公正的依据。

首先，评估体系的评分标准应该充分考虑到教学目标和课程设计的要求。这意味着评估标准需要与课程的具体目标和学科标准相契合，以确保评价的科学性和准确性。标准的明确性使得评估者在评价学生的表现时有明确的依据，有助于形成客观的评价结果。

其次，评估标准应具备一致性。在不同的评估场景和时间点，评估者需要依据相同的标准来进行评价。这就要求评估体系在建立评估标准时，要尽可能详细和具体，以避免主观性和评价的随意性。一致的评估标准有助于确保评估结果的可比性，使得学生在不同时间和不同教师间接受的评价更具有公正性。

最后，评估标准的明确性还有助于促进评估者的专业发展。明确的评估标准有助于评估者更好地理解教学目标和期望，提高其对评估对象的客观性评价能力。这也有助于形成具有指导性的评价结果，为教学改进提供有针对性的建议。

3. 灵活性与个性化

为了更好地满足学生个体差异，评估机制需要具备一定的灵活性和个性化特征。这种个性化的评估机制旨在允许学生通过不同的途径展示他们的学业成果，以更全面、真实地反映他们的学习能力和潜力。

首先，评估机制的灵活性在于能够适应学生多样化的学习风格和方式。不同的学生具有不同的学科兴趣、学习速度和学术优势，因此，评估机制应当为学生提供多元化的表现途径。一些学生可能更善于通过个人项目来展示他们的专业知识和技能，而另一些学生可能更擅长通过口头汇报来展示他们的思考和沟通能力。因此，评估机制需要具备足够的灵活性，以容纳不同学生的个体差异，使得他们能够在学术上充分发展。

其次，个性化评估机制有助于激发学生的学习动力和兴趣。通过提供个性化的评估途径，学生有机会选择符合自己兴趣和擅长领域的方式来展示学业成果。这不仅能够增强学生的学习自信心，还有助于培养他们对学科的深入理解和独立思考能力。因此，评估机制的个性化特征能够更好地激发学生的学习兴趣，推动他们在学科领域的积极发展。

最后，灵活性与个性化的评估机制有助于建立更加全面的学业档案。通过多元的评估途径，学生的学业成果能够更全面地体现在他们的学业档案中。这对于学生的综合素质评价和未来职业发展具有积极意义，使雇主能更全面地了解学生的专业技能和学术能力。

四、高职英语教学多元评价体系的构建措施

（一）学生自评

1. 学生生源了解与专业匹配

在学生入校初期，通过问卷调查和摸底测评，学校能够深入了解学生的来源背景，包括地域、文化背景、学科兴趣等。这为学校制订更符合学生需求的英语教学计划奠定基础。不同地域和文化背景的学生可能在英语学科上存在差异，通过了解这些差异，学校可以为不同群体的学生设计个性化的教学活动，使教学更具针对性和实效性。

2. 制定个性化学习任务和评价标准

根据学生的生源背景和专业要求，教师应与学生共同商议，制定个性化的学习任务和相应的评价标准。这种合作型的任务制订不仅能使学生参与学习过程，同时也使评价标准更贴合实际需求。例如，对于某些职业英语专业的学生，可以设计与实际职业场景相关的项目，以更好地锻炼其实际应用能力。

3. 学生参与知识、技能和素质目标的设定

在任务制订的过程中，教师应当与学生充分交流，让他们参与知识、技能和素质目标的设定。这种参与式的目标设定有助于激发学生对学习的兴趣，同时也确保目标的合理性和可达性。学生在这个过程中不仅明确了自己要达到的学科知识水平，还能够培养对实际职业需求的认知，为将来的职业发展奠定基础。

4. 阶段性自我评价促使自我管理和职业规划

通过阶段性的自我评价和反思，学生能够全面了解自己在知识和技能上的表现，形成对自身能力的清晰认知。这不仅有助于学生在学科学习中更好地把握自己的优势和劣势，还能够为将来的职业规划提供有力支持。自我评价的过程能促

使学生形成科学的自我管理机制，培养自觉性和目标感，使其在职业发展中更具竞争力。

（二）教师评价

1. 教师的任务和作用在多元评价中的重要性

在多元评价体系中，教师不仅仅是知识的传授者，更是评价体系的策划者和组织者。教师合理分阶段地对学生的英语学习水平进行评价，这包括了解学生的知识水平、态度、情感、学习策略和能力等多方面的综合素质。因此，教师的任务不仅仅是在课堂上传授知识，还包括引导学生明确学习目标、指导学生学习方法、并根据学生的需求对教学内容进行有针对性地调整。

2. 教师评价的具体内容和方法

在评价过程中，教师需要关注学生多个方面的表现。这包括了解学生的出勤情况、课堂纪律、参与度、情境表达能力以及教学互动等。这些方面反映了学生在学科学习中的综合素质，通过系统的评价有助于更全面地了解学生的学习状况。在具体操作上，教师可以通过课堂观察记录学生的参与情况，使用实训视频资料进行事后评价，借助社交媒体平台进行师生互动，同时收集学生学习的书面材料，如问卷调查、作业、试卷等。

3. 教师评价的参与性和互动性

教师不仅仅是评价者，更是参与者。在评价过程中，教师要与学生进行充分的互动和交流，了解学生的学习需求和反馈。师生访谈是一种有效的方式，可以通过社交媒体平台实现。这种互动性的评价使得教学过程更具参与性，能够更好地满足学生的学习需求，形成更为积极的教学氛围。

4. 学习档案的建设与信息整合

教师在评价中应当建设学生的学习档案，包括问卷调查、作业、试卷、自我评价、学生互评、教师和专家的评价、企业实训材料、学生职业技能比赛的奖状等。这种学习档案不仅有助于教师全面了解学生的学业情况，也方便学生对自己的学习过程进行回顾和总结。此外，教师还可以通过整合这些信息，形成更为系统和完整的评价体系，为今后的教学提供有力的参考。

（三）平台评价

1. 线上教学平台在教学评价中的作用

现代教育中，线上教学平台如"云班课"为教师提供了便捷的教学评价工具。教师可以通过这类平台对学生的签到情况、资源查看情况、测试成绩、课堂表现、头脑风暴、小组任务等环节进行评价。这种方式相对于传统评价更为简单高效，能够直观地了解学生在不同方面的表现，为教学提供实时的数据支持。

2. 线上教学平台评价的具体内容和设置

在"云班课"等平台中，教师可以根据不同的教学环节设置不同的分数和评价标准。例如，可以通过系统生成的客观测试题为学生进行成绩评价，平台后台直接提供分值和答题情况分析。这种方式不仅减轻了教师的评价工作压力，同时，也为学生提供了及时的反馈，促使其更好地参与学习。

3. 线上教学平台评价的优势

相对于传统的评价方式，线上教学平台评价更注重客观性和实时性。通过云数据的详尽记录，教师可以全面了解学生的学习情况，同时，也能够为学生建立电子档案，方便后续的教学管理和跟踪。这种综合客观的评价有助于建立更为科学和全面的教学评价体系。

4. 线上平台在教学评价中的未来发展趋势

随着科技的不断发展，线上教学平台在教学评价中的作用将不断扩大。未来，这类平台可能会引入更多先进的评价工具，如人工智能辅助评价、虚拟实境技术等，提高评价的准确性和科学性。同时，平台可能会更加个性化地满足不同学生的学习需求，为教师提供更为精准的教学反馈。

（四）学生互评

1. 学生互评在大班额高职英语教学中的背景和重要性

大班额教学环境下，学生众多，教师难以关注每一位学生的学习状态。学生互评作为一种自主评价方式，可以有效地促进同学们之间的合作与分享。成立学习评价小组，不仅能培养学生的分享意识，还能通过集思广益的方式提高学习效果，同时增进同学之间的团结与协作。

2. 学生互评的实施方法和形式

在课堂内，可以通过课堂同桌合作学习和线上小组任务的监控和评估来实施学生互评。教师可以布置职业技能任务，由学生小组完成，然后进行线上或线下展示，其他同学根据预设的评价标准进行客观评价。互评的范围不仅包括线上线下混合教学，还涵盖学生的能力、态度、策略、行为等多个方面。评价方式可以采用点评、全评等，重点培养学生的合作学习能力。

3. 学生互评的目标和意义

学生互评不仅仅是为了解决大班额教学中教师难以全面评价每名学生的问题，更是为了培养学生的自主学习和合作学习能力。通过互评，学生不仅可以更客观地了解自己的优势和不足，还能够学会给予他人建设性的反馈。这有助于形成积极的学习氛围，促进同学们之间的相互理解和信任。

4. 学生互评的进一步拓展和发展

在学生互评的基础上，可以进一步拓展互评的形式，例如，通过小组间的比赛，增强同学们的竞争意识。同时，可以设置平台让学生分享优秀经验，解决共同问题，形成一种互相学习的文化。这样的学生互评不仅仅是对个体学生的评价，更是对整个学习群体的促进与发展。

（五）企业评价

1. 校企合作中企业评价的重要性

校企合作是在学校和企业之间建立深度合作的基础上展开的，而企业的评价标准对于培养符合社会需求的学生至关重要。企业评价不仅可以确保学生的英语知识和技能水平满足职业岗位的需求，还能够使学生更好地适应未来职业的挑战。通过邀请企业参与制定高职英语教学能力训练的评价标准，可以更加贴近实际用人需求，提高教学的针对性和实用性。

2. 校企合作中企业参与评价标准的制定

为了确保评价标准的准确性和实用性，可以邀请企业或行业专家参与制定。这样一来，评价标准将更贴合实际职场要求，更符合行业标准。企业参与的深度将有助于建立更为全面和权威的评价体系，使学生毕业后更容易适应企业环境，实现无缝对接。

3. 校企合作中企业提供的实训环境和资源

企业相比学校拥有更为真实和先进的实训环境、设备以及资源。通过与企业合作，学生能够接触到最新的行业动态和实际的工作场景。这为学生提供了更丰富的实践机会，使其能够在真实的职业环境中应用所学知识，培养实际操作能力。学生所需的职业技能鉴定训练也可以在企业的充足资源支持下更加全面地实现。

4. 校企合作中的创新意识培养

通过参与国家职业技能大赛和学校与企业共同组织的职业能力大赛，学生能够培养创新意识。这种比赛不仅可以检验学生的实际能力，还能够促进学生在实践中提升创新能力。校企合作提供了一个促使学生积极参与创新的平台，帮助他们更好地应对未来职业的挑战。

校企合作中企业评价在高职英语教学中占据着重要地位。通过深度合作，学校能够借助企业的实际需求和资源优势，为学生提供更为贴近实际的培养环境，进一步提升教学质量。

第二节　学科评估与教学改进

一、跨学科综合评估与课程调整

（一）学科整体评估

1.学科目标与课程对齐

通过综合评估学科目标与实际课程的契合度，确保课程设置能够有效支持学科发展目标。

2.师资配备

评估师资队伍的结构、数量和专业背景，确保拥有足够的师资力量支持各门课程的开展。

（二）课程效果评估

1.学生绩效数据分析

通过分析学生的考试成绩、项目成果等数据，评估各门课程的教学效果，及时发现存在的问题。

2.学生反馈收集

建立有效的反馈机制，收集学生对课程的意见，了解他们的学习体验和需求。

（三）课程调整策略

1.灵活调整教学方法

根据评估结果，教师可以灵活运用不同的教学方法，满足学生多样化的学习需求。

2.更新教材和资源

及时更新教材，引入最新的学科知识和实践案例，确保课程内容紧跟行业发展。

二、学科团队协作与共同研究

（一）跨学科合作项目

跨学科合作项目是一种旨在促进不同学科领域的教师共同参与，并将各自专业知识融入项目设计与实施中的创新型教学模式。这种项目不仅丰富了学科间的交流，更旨在培养学生的综合素养。以下是关于跨学科合作项目的设计、实施与评估的综合性分析。

1. 项目设计

在跨学科合作项目的设计阶段，首要任务是确保各学科领域的教师能够积极参与，充分发挥各自专业优势。项目设计应明确项目目标、任务分工、时间安排等关键要素。通过精心设计，可以使项目各个组成部分既能够呼应学科要求，又能够促进学科之间的有机结合。项目设计的灵活性应当考虑到学科差异，以确保每个专业领域都能为项目目标做出独特贡献。

2. 项目实施与评估

项目实施是跨学科合作的关键环节。在项目进行中，教师应紧密协作，确保学科知识的有效整合。在项目的实施过程中，可以采用团队协作、跨学科讨论等方式促进学科之间的深入交流。在项目的后期，通过对学生综合素养的评估，可以了解项目的实际影响。评估不仅包括学科知识的应用，还应关注学生的创造性思维、团队协作能力等方面。

3. 评估结果的影响

通过评估跨学科合作项目的结果，学校可以了解项目的实际效果，包括学科知识的整合程度、学生的综合素养提高情况等。这些结果将为今后的教学改进提供有力支持。同时，学校还可以通过项目的成功经验，调整学科设置，鼓励更多的跨学科合作，以推动整个学科体系的升级与发展。

跨学科合作项目的设计、实施与评估，不仅可以促进学科之间的融合，也为学生提供了更为全面和实际的学习体验。这种创新型的教学模式有望成为高职英语教学领域的一项重要实践，为学科交叉和学生综合素养的培养提供新的思路与路径。

（二）学科团队研究

学科团队研究是一种推动学科研究与实际教学深度融合的重要实践。以下是关于学科团队的研究主题选择和研究成果应用两个方面的综合性分析。

1. 研究主题选择

学科团队在选择研究主题时，应注重主题的实际教学价值和紧密相关性。研究主题可以涵盖教学方法、教材设计、学科知识整合等多个方面，以推动学科的深度发展。选择关注实际教学问题的主题，可以使学科研究更贴近教育实践，为教学改革提供有力支持。例如，学科团队可以选择研究如何将最新的语言学理论融入英语课程设计，以提高学生语言应用能力。

2. 研究成果应用

学科团队的研究成果应该得到积极的应用，以促使学科知识更好地渗透到课程设计和教学方法中。一方面，可以通过制订教学指南、研发新型教材等方式，将研究成果转化为实际的教学工具；另一方面，通过组织专业培训、分享研究心得等活动，鼓励教师更广泛地运用学科团队的研究成果。这样的应用过程不仅有助于提高教学质量，也推动了学科团队的研究成果更好地为教育实践服务。

学科团队研究的价值在于能够通过实际教学问题的深入探讨，推动学科的创新和发展。这种研究模式不仅有益于教育实践，也为学科领域的进步提供了有力的支持。通过学科团队的共同努力，学科研究和实际教学得以更好的互动和共融，促进了整个学科体系的不断提升。

（三）定期学科论坛

定期学科论坛作为学科内交流与合作的平台，对于促进专业发展和教学水平提升具有重要意义。以下是关于定期学科论坛的专业交流和经验分享两个方面的综合性分析。

1. 专业交流

定期学科论坛的一个重要目的是促进学科内外的专业交流。通过邀请相关领域的专家参与，论坛可以实现跨领域的碰撞与融合。专家们可以分享最新的研究成果、学科发展趋势等信息，为学科内的教师提供前沿的学术动态。这种专业交流有助于拓展学科研究的广度，引入新的理念和方法，从而推动整个学科领域的创新发展。

2. 经验分享

除了学术交流，定期学科论坛也为教师提供了分享教学经验的宝贵机会。教师们可以在论坛上分享自己的优秀教学案例、有效教学方法等。这样的经验分享有助于汇聚各方智慧，推动学科教学水平的共同提高。教师们通过聆听不同学科的教师在教学实践中的经验，可以激发创新思维，优化教学策略，提高整个学科的教学质量。

第三节　反馈机制对教学创新的促进

一、教学评价反馈机制的构建与重要性

（一）评价反馈机制的构建

为促进高职英语教学的创新，必须建立健全的教学评价反馈机制。这一机制的构建首先涉及明确定义评价目标和标准。评价目标应与高职英语教学的核心素养和学科标准相契合，确保评价的准确性和有效性。同时，制定明确的评价标准，包括知识掌握、语言运用、综合素质等多个方面，以便全面评估学生的学业表现。

其次，评价反馈机制需要结合先进的教育技术和数据分析方法。通过引入先进的评价工具，如在线测评、智能教学平台等，可以更全面、客观地获取学生的学业数据。数据分析方法的运用能够深入挖掘评价结果，为教学提供科学依据。这一过程还需要教师具备数据分析的能力，以更好地理解评价结果并将其转化为具体的教学策略。

（二）评价反馈机制的重要性

教学评价反馈机制对于教学创新的促进至关重要。

首先，它提供了教师与学生之间及时而准确的信息沟通渠道。通过评价反馈，教师能够了解学生在学科知识、语言运用和综合素质等方面的表现，及时发现问题并进行调整。学生也能够清晰了解自己的学业水平，形成自我认知，从而更好地参与学习过程。

其次，评价反馈机制鼓励教学内容和方法的创新。通过对评价结果的分析，教师可以发现教学中存在的不足和问题，进而探索新的教学方法和策略。评价反馈不仅促进了教学的实时改进，也为教师提供了尝试创新教学方式的动力和机会。

最后，评价反馈机制对于高职英语教学的质量保障和提升具有战略意义。通过建立全面、科学的评价体系，学校和教育管理部门可以全面了解高职英语教学的整体水平，为制订更加有效的教学政策和发展规划提供支持。评价反馈机制的健全性也在一定程度上反映了学校对于教育质量的关注和重视，有助于提升整个高职英语教育的声誉和竞争力。

二、评价反馈机制在促进教学策略创新中的作用

（一）引导差异化教学策略

评价反馈机制在促进教学创新中的一个关键作用是引导差异化的教学策略。通过对学生个体差异的深入了解，教师可以根据不同学生的学科兴趣、学习能力和学习方式，灵活调整教学方法和内容。评价反馈提供的个性化信息使得教学更加贴合学生需求，进而推动教学策略朝着更为差异化的方向发展。

（二）激发创新性教学方法

教学评价反馈机制还有助于激发创新型教学方法的探索。通过不断分析评价结果，教师可以发现传统教学方法的局限性和不足之处。在面对这些问题时，教师更有动力尝试新的教学方式，包括项目驱动、合作学习、实践性任务等创新性教学方法。评价反馈机制因此成为教学创新的催化剂，推动了教师在教学中的实践与探索。

（三）促进跨学科融合教学

评价反馈机制有助于促进跨学科融合教学的实践。在评价过程中，综合性的学科素养评价可以引导教师将不同学科领域的知识和技能融合到英语教学中。这种跨学科的融合不仅能够提升学科综合素养，还能够培养学生更全面的能力。因此，评价反馈机制为跨学科融合提供了机遇，促使教师跨足多领域，创新教学内容和形式，实现英语教学与其他学科的有效整合。

参考文献

[1] 任逸姿.基于互动式教学法的中职学校活力课堂构建研究 [D].长沙：湖南师范大学，2019：26-27.

[2] 丁晓慧.情感激励在高中英语教学中的研究与应用 [D].苏州：苏州大学，2016：11-12.

[3] 刘柳.激励教学法对小学生英语综合语言运用能力提升的行动研究 [D].南昌：南昌大学，2022：8-10.

[4] 赵丽娟.高职英语教学形成性评价研究与应用 [D].石家庄：河北师范大学，2020：19-21.

[5] 李文蔚.高中英语教师课堂评价语言的行动研究 [D].汉中：陕西理工大学，2022：8-10.

[6] 耿雨慧.项目式教学在初中英语写作教学中的实证研究 [D].曲阜：曲阜师范大学，2022：19-21.

[7] 杨丹丹.教育激励在艺术类高中思想政治课中的应用研究 [D].上海：华东师范大学，2021：4-5.

[8] 臧伟娟.激励教学法在高中生物教学中对学困生的应用模式研究 [D].哈尔滨：哈尔滨师范大学，2020：3-5.

[9] 马志新.初中生物教学中激励教学法的应用研究 [D].西安:陕西师范大学，2015：7-9.

[10] 孙沙沙.竞争与合作机制在对泰初级汉语综合课词汇教学中的应用与分析 [D].上海：上海大学，2020：24-26.

[11] 黄丽卿.基于个性化差异的激励手段在初中英语教学中的运用的实证研究 [D].福州：福建师范大学，2015：14-15.

[12] 韩丹.小学英语教学激励的有效性研究 [D].重庆：西南大学，2020：3-6.

[13] 许若琳.激励教学法在少儿街舞教学中的运用 [D].广州：广州体育学院，2020：8-11.

[14] 邹霖丽.EIC 模式下提高小学生英语学习效果的行动研究 [D].南京：南

京师范大学，2014：13-14.

[15] 丁洁雯 . RSAAS 模式下增强高中生英语学习动机激励策略的研究 [D]. 银川：宁夏大学，2022：14-16.

[16] 陈沿宏 . 初中英语教师课堂评价用语现状调查研究 [D]. 重庆：重庆三峡学院，2020：6-8.

[17] 智文静 . 高职院校英语教学质量评价现状与对策研究 [D]. 石家庄：河北师范大学，2020：4-6.

[18] 刘颖 . "互联网 +" 下高职院校智慧课堂构建的问题及对策研究 [D]. 武汉：湖北工业大学，2021：1-3.

[19] 陈焰香 . 激励机制在高中化学教学中的应用——基于需要层次理论 [D]. 漳州：闽南师范大学，2017：18-21.

[20] 杨雪晴 . 论激励教育法在大学生思想政治教育中的运用 [D]. 武汉：中南财经政法大学，2021：3-4.

[21] 陈仕杰 . 高中思想政治课程中激励教学法运用研究 [D]. 乌鲁木齐：新疆师范大学，2020：3-4.

[22] 马琳 . 高中思想政治课鼓励教学方法分析 [D]. 郑州：河南大学，2017：11-12.

[23] 赵俏 . 小学英语教学中课堂激励存在的问题与对策研究 [D]. 呼和浩特：内蒙古师范大学，2014：5-6.

[24] 李晓萍 . 小学英语教师课堂教学激励的现状调查及策略研究 [D]. 西安：西安外国语大学，2014：5-7.

[25] 孙乐乐 . 小学英语教师课堂教学评价语言研究——以 Q 市 N 所小学为例 [D]. 曲阜：曲阜师范大学，2018：38-39.

[26] 秦洁 . 《任务型语言教学：理论与实践》评介 [J]. 现代外语，2021，44（6）：870-874.

[27] 孙炬 . 任务型语言教学的传承与创新——《任务型语言教学剑桥手册》述评 [J]. 外语教学，2022，43（5）：66-69.

[28] 李秀梅 . 高职英语听说任务型语言教学的应用研究 [J]. 英语广场，2020（9）：76-78.

[29] 魏东霞，辛琳 . 基于网络资源的行业英语听读应用能力培养可行性探析——以农林类高职英语学习为例 [J]. 现代职业教育，2019（26）：168-169.

[30] 高迟 . 情景式教学法（SLT）在高职院校大学英语教学中的改革与实践研究 [J]. 海外英语，2019（18）：232-233.